HERMANN NOACK

ALLGEMEINE EINFÜHRUNG IN DIE PHILOSOPHIE

Probleme ihrer gegenwärtigen Selbstauslegung

WISSENSCHAFTLICHE BUCHGESELLSCHAFT
DARMSTADT

Einbandgestaltung: Studio Franz & McBeath, Stuttgart.

1. Auflage 1972
2., überarbeitete Auflage 1976
3. Auflage 1984

CIP-Titelaufnahme der Deutschen Bibliothek

Noack, Hermann:
Allgemeine Einführung in die Philosophie: Probleme ihrer gegenwärtigen Selbstauslegung / Hermann Noack. – 4. Aufl. – Darmstadt: Wiss. Buchges., 1991
(Die Philosophie)
ISBN 3-534-04860-1

Bestellnummer 04860-1

4. Auflage 1991

Gedruckt auf säurefreiem und alterungsbeständigem Offsetpapier
Satz: Fotosatz Janß, Pfungstadt
Druck und Einband: Wissenschaftliche Buchgesellschaft, Darmstadt
Printed in Germany
Schrift: Linotype Garamond, 9/11

ISSN 0174-0997
ISBN 3-534-04860-1

Meiner Frau
in Dankbarkeit

INHALTSVERZEICHNIS

VORWORT

Die hier vorgelegte ›Allgemeine Einführung in die Philosophie‹ ist als orientierende Vorbereitung auf das Studium der Schriftenreihe: ›Die Philosophie. Einführung in Gegenstand, Methoden und Ergebnisse ihrer Disziplinen‹ geplant worden. Sie soll deshalb nur an die *Probleme* heranführen, ohne schon ihrer gründlicheren Behandlung vorzugreifen. Dabei kommt es mehr darauf an, die Eigenart philosophischer Fragestellungen überhaupt an markanten Beispielen herauszustellen als auf deren Vollständigkeit; schon der begrenzte Umfang dieses Büchleins nötigt zu einer Auswahl. Auch der historische Teil will zunächst nur der Erwartung des Lesers entsprechen, in einer allgemeinen Einführung etwas über die Geschichte der Philosophie zu erfahren. Wenn in dieser Skizze dann zumeist nur der problemgeschichtliche Ort bedeutender Denker bestimmt wurde, so war das ebenfalls nur mit dem Hinweis auf die nachfolgenden philosophiehistorischen Einzelbände zu rechtfertigen.

In der *Einleitung* habe ich mein Verfahren noch mit einer weiteren Erwägung begründet. Anstatt nämlich nur referierend über „Problemgebiete", „Methoden" und „Richtungen" der gegenwärtigen Philosophie zu informieren, von denen in den folgenden Bänden detaillierter und gegenstandsnäher wieder die Rede sein würde, hielt ich es für anregender, das ärgste Problem der gegenwärtigen Philosophie aufzugreifen: die radikal-skeptische *Frage,* ob sie nicht heute im Zeitalter der „autonom" gewordenen positiven Wissenschaften überhaupt „überflüssig", und wenn nicht, so doch „unmöglich" geworden sei. In der Auseinandersetzung mit der vielfältig begründeten These vom *„Ende der Philosophie"* lassen sich „ihr Problem" und ihre „Probleme" metakritisch entfalten und zugleich mit denen ihrer gegenwärtigen *Selbstauslegung* behandeln.

Die gegenwärtige Kritik an der Philosophie hat eine längere Vorgeschichte und wäre ohne jede Kenntnis der *Philosophiegeschichte* nicht verständlich; die Ursprünge der an sie herangetragenen Zweifel liegen großenteils in der Philosophie selber. Unter dem Namen der *„Metaphysik"* als der Grundwissenschaft schlechthin hat sie einerseits zur

Entstehung zahlreicher Einzelwissenschaften und zur Begründung ihrer Wissenschaftlichkeit beigetragen, andererseits ihren eigenen Anspruch auf „absolute" Erkenntnis fortschreitend fraglicher werden lassen müssen, je mehr die Einzelwissenschaften die „philosophischen" Probleme selber zum Gegenstand ihrer Forschung machten und sich von der Vormundschaft der Philosophie emanzipierten. Die *Philosophiegeschichte* wird im *historischen Teil* deshalb nur am Leitfaden einiger zentraler Probleme und Positionen bis zum 18. Jahrhundert referiert, erst dann eingehender an den Repräsentanten jener kritischen *Infragestellung der Metaphysik,* deren Argumente noch heute in vielen Variationen die wichtigsten der Diskussion über die Philosophie sind.

Die sich daran anschließenden beiden Kapitel des *systematischen Teiles* versuchen der einführenden Darstellung bereits den Charakter einer mitzuvollziehenden Reflexion zu geben. Da die Auseinandersetzung mit dem Anspruch der „positiven", insbesondere der „exakten" Wissenschaften wegen ihres Erfolges und Prestiges den Brennpunkt der Kontroversen über „wissenschaftliche" und „philosophische" *Erkenntnis* bildet, so treten Probleme der Erkenntnistheorie, Wissenschaftstheorie und Erkenntnis-Kritik, sowie der philosophischen Anthropologie, Geschichts- und Sprachphilosophie stärker in den Vordergrund als diejenigen anderer philosophischer Disziplinen. Nur soweit es für die kritische Stellungnahme zur Bezweiflung der Möglichkeit und Berechtigung der Philosophie nötig war, ging ich auf spezielle Probleme der anderen *Disziplinen* etwas näher ein; sonst habe ich meist, um sie wenigstens sichtbar zu machen, an entscheidenden Stellen den Bezug auf aktuelle Lebensfragen der gegenwärtigen geschichtlich-gesellschaftlichen Lage eingeblendet.

Über die Zusammenstellung der *Literaturverzeichnisse* gibt der letzte Teil (II, C) Auskunft. Die Fundstelle der *Zitate* wird jeweils anschließend im Text vermerkt. Zusätzlich in den *Anmerkungen* aufgeführte Schriften sollen dazu anregen, sich über *andere Positionen* zu den behandelten Problemen zu informieren, sofern der Leser noch nicht nach den speziellen „Einführungen" greift.

Besonderen Dank sage ich Frau Dr. Dorothea Thielen, Herrn Dr. Jürgen Heinrichs und Dr. Bernhard Glaeser für ihre Hilfe bei der Textkorrektur.

Hamburg-Blankenese, im Mai 1971 Hermann Noack

Einleitung

BEZEICHNUNGEN UND BEGRIFFE DER PHILOSOPHIE

1. Meist beginnt die Einführung in einen Sachbereich mit seiner zwar vorläufigen, aber zur Information ausreichenden Kennzeichnung. Es braucht zunächst nur eine „Nominaldefinition“ zu sein, aus der man wenigstens erfährt, was mit dem *Wort* gemeint ist, das im Titel steht; denn eine „Realdefinition“ könnte oft erst am Ende der Einführung ganz verständlich sein. Immerhin wünscht man von der „*Sache*“, um die es unter dem erläuterten Namen geht, schon so viel zu Beginn zu erfahren, daß man die Wortbedeutung mit allgemein bekannten Begriffen in Verbindung bringen kann. Auch unter der *Philosophie* stellt man sich im Sprachgebrauch schon irgend etwas vor; ob und wie weit diese meist etwas unklare Vorstellung aber dem entspricht, wovon die „Einführung“ handeln will, möchte man begreiflicherweise gleich zu wissen bekommen. Da es eine philosophische Fachliteratur gibt und Philosophie auf den Hochschulen gelehrt wird, ist sie vermutlich eine „Wissenschaft“, und von einer Wissenschaft wird man wohl sagen können, womit sie sich befaßt. Das ist bei den meisten *Wissenschaften* auch gut möglich, weil sie sich mit Gegebenheiten befassen, die uns auch in vor- und außerwissenschaftlicher Zuwendung vertraut und nun zum „*Gegenstand*“ bekannter Wissenschaften geworden sind, z. B. die Lebewesen in der Biologie, das Recht in der Jurisprudenz, die Kunst in den Kunstwissenschaften. Es sind besondere Sach- und Fachbereiche, die sich als solche dem Allgemeinbegriff „Wissenschaft“ unterordnen lassen.

Der Versuch, die Philosophie auf diese Weise zu „definieren“, stößt aber auf gewisse Schwierigkeiten. Sie scheint keinen „besonderen“ Gegenstand zu haben, sondern sich mit allem zu befassen, wovon es — wenigstens heute — schon eine Wissenschaft gibt. Viele Erkenntnisbereiche, die früher noch zur Philosophie gehörten, sind inzwischen ebenfalls zu selbständigen Wissenschaften geworden, d. h. sie betrachten sich nicht mehr als Teile oder „Disziplinen“ der Philosophie. Auch jene „normativen“ Disziplinen, wie Ethik und Ästhetik sind fragwürdig geworden, seitdem es die Sozialwissenschaften, die Soziologie und die Kunstwissenschaften gibt. Die Logik wiederum als „Formalwissenschaft“ hat keinen thematischen Gegenstand von der Art derjenigen der „Realwissenschaften“; sie gilt zwar immer noch als „Fundamental-Disziplin“ der Philosophie, wird jedoch ebenfalls schon neben anderen „Struktur-Wissenschaften“ als eine selbständige Fachwissenschaft angesehen. Die Philosophie will aber nicht in ihr aufgehen, sondern sogar noch weitere Disziplinen umfassen, ohne damit als „eine Fachwissenschaft unter anderen“ zu gelten. Demnach wäre ihr Verhältnis zu allen Einzelwissenschaften nicht in der Weise einer klassifizierenden Über- und Unterordnung zu bestimmen. Mit dem, was ihr *ganz allgemeines Anliegen* ist, weigert sie sich, irgendeinem Oberbegriff subsumiert zu werden. Was aber dann vielleicht ihr „allgemeiner Gegenstand“ wäre, ist schwer zu sagen; gibt es so etwas wie „den allgemeinen Gegenstand“? Beruht nicht die Leistungsfähigkeit der Wissenschaften gerade darauf, daß sie sich „spezialisiert“ haben, weil das schlechthin „Allgemeine“ in der „Leere“ der Abstraktion verdunsten müßte? Kann man vielleicht deshalb die Philosophie nicht „definieren“? Drückt sich nicht doch in ihrer formal-logischen Undefinierbarkeit die *Verlegenheit* aus, in welche die Philosophie dadurch geraten ist, daß die Wissenschaften ihr heute jeden bestimmten Gegenstand entzogen haben?

Wie und warum die Philosophie in diese offenkundige Verlegenheit geraten ist und welche Tragweite sie habe, wird ein entscheidendes Problem der hier versuchten allgemeinen Einführung sein, da sie ja selber sinnlos würde, wenn sich nicht mehr ausmachen ließe, wohin sie führen soll. Immerhin wird noch heute Philosophie betrieben, und man sollte annehmen dürfen, daß die Philosophierenden, obgleich sie zugeben, daß ihre „Beschäftigung“ sich schwer oder gar nicht „definieren“ läßt, wissen, was sie tun. Nur leider scheinen sie sich darüber nicht einmal untereinander einig zu sein; denn es begegnen uns immer wieder neue Erklärungen dessen, was Philosophie sei; die Tatsache, daß es den Philosophen nicht gelungen ist, ihre Sache auf einen endgültigen Begriff zu bringen, hat sie nachgerade in den Verdacht fruchtloser Grübelei gebracht und zur Zielscheibe manchen Spottes werden lassen. Wir befinden uns mithin in einer Situation, in der die Philosophie eine höchst umstrittene Angelegenheit geworden ist, so daß man sich kaum wundern kann, wenn von vielen Seiten behauptet wird, es sei im Grunde mit der Philosophie zu Ende.

Wenn etwas zu Ende gegangen ist, so muß es einen Anfang und eine Geschichte gehabt haben, über die sich Auskunft geben läßt. Lassen wir also die Frage, ob es mit dem Unternehmen der Philosophie zu Ende sei, einstweilen auf sich beruhen; vielleicht gibt uns ein Rückblick auf die bisherige Geschichte selber Aufschluß darüber, wie es heute zur *totalen Infragestellung* der Philosophie gekommen ist. Freilich können wir im Rahmen einer „Einleitung" nicht ausführlich über die Geschichte der Philosophie referieren. Die historische Orientierung muß sich vor allem auf die Vorgeschichte der gegenwärtigen Lage beschränken. Wenn die Philosophie wirklich in eine „Verlegenheit" geraten sein sollte, dann müßte sie ihr *„Selbstverständnis"* betreffen und eben dieses der Gesichtspunkt sein, unter dem die *historische Rückschau* zu erfolgen hätte; sie wäre auf die ganze Geschichte der Philosophie nur darum auszuweiten, um in einer konzentrierten Darstellung aufzuzeigen, welche Auffassung von der gesuchten Erkenntnis sich *grundsätzlich* in ihr dokumentiert. Denn nur der mit ihr verbundene *Anspruch* konnte wahrscheinlich mit dem der modernen Wissenschaften in Konflikt geraten. Entweder erfüllen die Wissenschaften den Erkenntnis-Anspruch, den die Philosophie erhob, nunmehr selbst und sogar besser, oder die Philosophie erhebt noch den Anspruch auf eine unentbehrliche Erkenntnis, die — was immer sie sein mag — nicht in dem aufgeht, was von den Wissenschaften geleistet wird.

2. Wieviel läßt sich darüber vielleicht schon dem *Wort „Philosophie"* entnehmen? In dem Kompositum „philo-sophia" ist das ältere, einfache Wort *„sophia"* enthalten, das anfänglich im Griechischen ganz allgemein das „Sich-Auskennen" in irgendeiner Fertigkeit bedeutete, sei es in Handwerken, sei es in Politik oder in einer Kunst. Ein *„Sophós"* war ein geschickter, kundiger, einsichtsvoller und kluger Mann (so bei *Homer* und *Hesiod*); zeichnete er sich durch hervorragende Kenntnis und Klugheit aus, dann dachte man schon an das, was wir in der deutschen Sprache „Weisheit" nennen, ein Wort, das von *„Wissen"* abgeleitet ist. Wir übersetzen deshalb die rühmende Rede von den „Sieben sophói" sinngemäß mit „die Sieben Weisen"; *Herodot* nennt sie „sophistái", und zwar noch ohne den tadelnden Sinn, den „Sophist" später bei *Platon* bekam, als er die von uns heute speziell so genannten Zeitgenossen des *Sokrates* im 5. Jh. v. Chr. bekämpfte. „Sophói" hießen auch *Thales, Anaximandros* und *Anaximenes,* die wir heute die ersten Philosophen nennen. Der Ausdruck „philósophos" taucht zuerst bei *Heraklit* (um 500 v. Chr.) auf (Fragm. 35, D), das Verbum „philosopheín" in der Bedeutung eines „Strebens nach Wissen" bei *Herodot* und in der Gefallenenrede des *Perikles* (vgl.

Thukydides II, 1), wo es von den Athenern heißt, daß sie „mit Ausdauer um Wissen bemüht“ seien. „Phílos“ ist der „Freund“, weshalb „philosophia“ zunächst ganz allgemein „Wissensliebe“ bedeutet. Dann schränkt sich der Sinn des Wortes allmählich auf den Bereich regelrechter Forschung ein, ohne daß die ältere Wortbedeutung ganz verschwindet; *Xenophon* (ca. 430—354) versteht unter „Philosophieren“ noch ein grüblerisches Nachsinnen. Vielleicht schon *Sokrates* (470—399 v. Chr.), der ja keine Schriften hinterlassen hat, ausdrücklich aber *Platon* (427—347 v. Chr.) legten Gewicht auf die erste Silbe des Wortes philosophia, um zu betonen, daß nur Gott „weise“ sei, der Mensch nur nach Weisheit streben könne (Phaidros, 278, d; Symposion, 203, e)[1]. *Aristoteles* (384—322 v. Chr.) versteht unter philosophia Wissenschaft überhaupt, sondert aus ihr jedoch wieder eine „Erste Philosophie“ als die für alle Wissenschaften grundlegende Wissenschaft vom „Seienden als solchem“ aus. Bei *Platon* heißt die Wissenschaft vom „wahrhaft Seienden“, den „Ideen“, „*Dialektik*“, und zwar weil er als Schüler des *Sokrates* im *Dialog* (Gespräch) — auch „der Seele mit sich selbst“ — den richtigen Weg des Erkenntnis suchenden Denkens sah; er hat alle seine Schriften in Gesprächsform abgefaßt und in den späten Dialogen die Dialektik zum strengen Verfahren begrifflicher Unterscheidung und Verknüpfung — zur Logik der *Ideen* selber — ausgebildet. Bei *Aristoteles* wird aus der Dialektik derjenige Teil der *Logik*, der sich mit unsauberen Schlüssen befaßt; die Logik als Ganzes nennt er „Organon“ („Werkzeug“ des Denkens). Die *Stoiker* haben den Terminus Dialektik auf Grammatik, Logik und Erkenntnistheorie ausgedehnt. Der Wortgebrauch schwankt auch in der Folgezeit, bis man zu Beginn der Renaissance die Dialektik der Scholastiker als bloße „Disputierkunst“ kritisiert. Von *Kants* Begriff der Dialektik und von ihrer Neubewertung in der Philosophie des „Deutschen Idealismus“ soll erst später gesprochen werden.

Aber noch zwei andere Worte, die in der Antike fast synonym mit „Philosophie“ im Sinn der strengsten und wichtigsten Wissenschaft verwendet wurden, müssen erwähnt werden. Bei *Aristoteles* heißt es, die Philosophie sei „*theoria*“, und zwar als eine Erkenntnis, die um keines praktischen Nutzens willen gesucht wird, aber das Höchste ist, was dem Denken des vernunftbegabten Menschen zuteil werden kann:

[1] Die Platonischen Schriften werden nach der Seitenzahl der alten Stephanus-Ausgabe (St. . .) zitiert.

die „*Schau*" des Göttlichen. „Theoria" nannte man in Griechenland die Gesandtschaft, die die Staaten zu den großen Festspielen an den heiligen Stätten schickten, sowie das *Anschauen* der Kultfeiern selber; das „théatron" war der Schauplatz, auf dem die „theói", die Götter, sichtbar gefeiert wurden. *Platon* überträgt den Sinn von theoria auf das geistige Schauen der philosophischen Erkenntnis (Philebos 38, b) und *Aristoteles* auf die um ihrer selbst willen gesuchte Erkenntnis. Im Lateinischen übersetzte man theoria mit „contemplatio" (worin das Wort „templum" steckt) und „*speculatio*" (das schon *Cicero* fälschlich auf speculum, der Spiegel, zurückführt). Das Kernstück der theoria ist bei *Aristoteles*, wie schon gesagt, die „Erste Philosophie"; sie heißt bei ihm aber auch „sophia" (Ethica Nicomach. VI, 7, 1141 a), „epistéme" (Erkenntnis), „Erkenntnis des Philosophen" und Erkenntnis „der Wahrheit" (= alétheia; Met. II, 1, 993 b 20). *Platon* (Theätet 155 d) und *Aristoteles* halten beide das „staunende Verwundern" (thaumázein) des Menschen für die Quelle des Verlangens nach Erkenntnis. *Aristoteles* schreibt: „Das Verwundern hat die Menschen anfangs und jetzt noch zum Philosophieren veranlaßt, indem sie zuerst über die offenkundigen Rätsel (ápora) sich verwunderten, dann allmählich weitergehend auch über größere nachdachten" (Met. I, 2, 982 b, 12). Als Anfang des „Philosophierens" gilt ihm die alte Mythologie; aber diesen „Sagen" von den Göttern hatte man schon vor ihm die Qualität eines Wissens abgesprochen, das der Prüfung durch das „vernünftige" Denken standhält.

Aber das Göttliche bleibt auch dessen Erkenntnisziel. *Platon* setzt es mit der „Idee aller Ideen", der Idee des „Guten" gleich, die noch „jenseits" vom Sein alles „Seienden" „ist"; *Aristoteles* denkt den Gott als das selbstgenugsam „Seiendste", das „höchste Wesen", dessen reine „theoretische" Tätigkeit das „Denken des Denkens" ist (Met. XII, 9, 1074 b 34). Selber unbewegt und ohne in das Geschehen der Dinge einzugreifen, ist er doch deren „erster Beweger", weil sie wie „Liebende" nach seiner Vollkommenheit streben (Met. XII, 1072 b 3 ff.). Die „Erste Philosophie" schließt also die vernunftgemäße Gotteserkenntnis (theologia) ein. Da nun die Bücher der „Ersten Philosophie" von Schülern des *Aristoteles* bei der Ordnung seiner Schriften „hinter" diejenigen gesetzt wurden, welche die „Natur" (physis) behandelten, so bezeichnete man sie zunächst äußerlich als die „Nach den physika" (Metá ta physiká), gab diesem Ausdruck aber später die Bedeutung dessen, was ihr Inhalt war, die „*Metaphysik*" als Lehre vom Seienden überhaupt und an sich. In der aristotelischen Scholastik bekam das „metá" den Sinn von „trans", nämlich „jenseits" der Natur, so daß die Metaphysik gelegentlich auch „Trans-physica" genannt und mit der sogenannten „natürlichen", d. h. unabhängig von der Offenbarung schon der Vernunft zugänglichen Theologie gleichgesetzt wurde. Sie galt bis in das 18. und 19. Jahrhundert hinein als die „Königin der Wissenschaften".

3. Wir haben jetzt die wichtigsten Wörter und Begriffe beisammen, mit denen die klassische griechische Philosophie sich selber und ihre „Sache" in Gedanken erfaßte. Sie zeigen uns den entscheidenden Zug, durch den sich die griechische und die aus ihr hervorgegangene *abendländische Philosophie* von der orientalischen (in Indien und China) unterscheidet: das Streben nach begrifflich-strenger, „wissenschaftlicher" Erkenntnis.[2] Das bezeugt sich in der erläuterten Bedeutung der Wörter „Philosophie", „Dialektik", „Theorie", „Theologie", „Metaphysik" und „Spekulation", die wir heute oft in sehr verschwommener oder fast entgegengesetzter Bedeutung gebrauchen. Nichtsdestoweniger sind es diese Begriffe gewesen, die in der Tradition des europäischen Denkens den Zusammenhang verbürgten, der als ihr „Wesen" gedacht werden kann. Die Philosophie hat sich in ihnen ihr Vorhaben nach Form und Inhalt bewußt gemacht: die überzeugend argumentierende, begründende Erkenntnis des Seienden als solchen und im Ganzen.

Wenn man nun unter Philosophie die Bemühung um Erkenntnis des wahrhaft Seienden versteht, und zwar in dem Sinne, daß es ihr nicht nur darum geht, inhaltlich wahre Aussagen zu machen, sondern stets zugleich zu be-denken, was eigentlich *„Wahrheit"* heiße, dann gibt es keinen Oberbegriff von Erkenntnis, unter den sie wieder als „spezifische Differenz" subsumiert werden könnte. Ist aber Philosophie grundsätzlich bestimmt durch diesen ihren un-übersteiglichen Begriff von Erkenntnis, dann ist sie auch selber kein Oberbegriff, der „Arten" der Philosophie unter sich befaßt, sondern Inbegriff aller gleichsinnigen Bemühungen, in denen die *eine* Philosophie sich nur als ein Ganzes modifiziert. Das soll heißen: Man kann von ihr keinen Begriff bilden, in welchem von Momenten abstrahiert wird, die für Philosophie in „allgemeiner" Bedeutung „unwesentlich" wären. Sie ist nur sie selbst

[2] Nicht mehr begrifflich-diskursives, aber doch intellektuell-„einsehendes Schauen", das auch *Platon* und *Aristoteles* kennen, nannte man später „intuitio" und „visio".

mit Einschluß aller Momente, die sie aus sich als eigene *„Möglichkeiten"* des in ihr waltenden Prinzips der Bemühung um Wahrheit auf dem Wege der Erkenntnis entfaltet. Wenn die europäische Philosophie modifiziert ist durch das Gewicht, das sie auf wissenschaftlich-begriffliche Form der Erkenntnis legt, dann bekräftigt sie nur einen Zug des geistigen Bestrebens, der auch in der indischen und ostasiatischen Philosophie nicht fehlt, obgleich in dieser meist andere Züge überwiegen mögen, die man vielleicht als religiöse Ethik, meditative Mystik und Lebensweisheit charakterisieren könnte und als solche sehr bewundern müßte. Auch bei uns sind sie ja keineswegs selten eine Verbindung mit der denkerischen „Rationalität" eingegangen; aber die *abendländische Philosophie* bevorzugt entschieden seit ihrem Ursprung bei den Griechen die Form des *„Logos"*, der „vernünftigen, begreifenden und beweisenden Rede", wie man diesen im Griechischen vieldeutigen Ausdruck hier übersetzen muß.

Aus den soeben genannten Gründen bezeichnen Titel wie „christliche", „empiristische", „idealistische" und „existenzialistische" Philosophie keine „Arten" der Philosophie, die nach einem klassifikatorischen Schema nebeneinander stünden; das faktisch-zeitliche Nebeneinander darf nicht darüber hinwegtäuschen, daß sie nur strittige *Positionen* innerhalb *einer* Gesamtproblematik sind, die gerade wegen ihrer problembewußten „Auseinandersetzung" miteinander prinzipiell verbunden bleiben. (Vgl. *G. Patzig,* Art. ›Philosophie‹ im RGG Sp. 351.)

Genau dieser Umstand erschwert aber wieder die Definition der Philosophie in der Weise eines gewissermaßen „neutral" konzipierten Allgemeinbegriffs. Über das hinaus, was eine Nominaldefinition an Hinweisen geben kann, hilft mithin nur der Eintritt in die philosophische Denkbewegung selber — das *„Mitphilosophieren"*. Man versucht sich darin sogar meist schon ohne direkte Beschäftigung mit der Fachphilosophie, wenn man sich auf Fragen, Gedankengänge und Folgerungen einläßt, die keiner besonderen Schulung zu bedürfen scheinen; „gesunder Menschenverstand" und Erfahrung müßten doch genügen! Unsere geistige Welt ist durchsetzt mit überlieferten Denkformen der Philosophie, die allein schon durch die *Sprache* und ihren Wortschatz jedem von uns vermittelt wurden. Auch wer die Philosophie glaubt meiden zu können oder verwerfen zu sollen, kann ihr, zumal wenn er es *begründen* will, nicht entweichen. Wer sich nicht mit nur vorgeprägten oder gar nur eingebildeten und beschränkten

„Wahrheiten" zufriedengeben will, wird mitphilosophieren müssen; erst recht dann, wenn er prüfen wollte, ob und warum es mit der Philosophie zu Ende sei. Denn das wäre dann die letzte Einsicht, welche die Philosophie selber noch begründen müßte. Ob die „Verlegenheit", von der die Rede war, dazu nötigt, ist unsere vordringliche Frage.

Es versteht sich, daß die bisherigen Aussagen schon solche der Philosophie über sich selber waren; freilich noch nicht mehr als eine *formale Anzeige* dessen, worüber die Einführung verständlichere und gründlichere Auskunft geben soll. Bisher ergab sich schon, daß und warum zum Verständnis der gegenwärtigen Situation und zur Entscheidung der Frage nach den verbleibenden Chancen der Philosophie ein relativ kurzer historischer Rückblick vonnöten sei. Der leitende Gesichtspunkt steht schon fest. Ihm gemäß muß unser Augenmerk sich besonders auf frühere Formen der Infragestellung philosophischer Positionen, Voraussetzungen und Denkweisen richten, insofern sie sich herleiten von den Begriffen, in denen die Philosophie sich anfänglich selber den Sinn ihrer Bemühung vergegenwärtigt hatte. Unter ihnen zeichnet sich der Begriff der „Ersten Philosophie" oder *„Metaphysik"* durch seine zentrale Bedeutsamkeit aus; er eignet sich deshalb zum *Leitfaden* einer auf ihn konzentrierten Darstellung der Geschichte der Philosophie bis zur ersten, die Metaphysik nachhaltig erschütternden Kritik.[3]

[3] Da das Problem der Metaphysik nur in dieser thematischen Begrenztheit zum Leitfaden dienen soll, muß unausdrücklich stets auf den Band Einführung in die Metaphysik von Friedr. *Kaulbach* in dieser Buchreihe verwiesen werden.

Erster Teil

HISTORISCHER RÜCKBLICK

A. Die Tradition der klassischen Metaphysik

1. Die historische Rückschau begann schon mit den einleitenden begriffsgeschichtlichen Ausführungen. Es wurde vermerkt, daß die Wortbedeutung von Philosophie sich zunehmend verengte auf den Sinn der „eigentlichen", „obersten" und „ersten" Philosophie, und wie dieser näher bestimmt wurde durch die ebenfalls präzisierten Begriffe von Erkenntnis, Wissen und Schau. Eine eindeutige, allgemein gebräuchliche „philosophische Terminologie" gab es zunächst nicht. Die genannten Substantiva und andere, mit denen die Denk- und Erkenntniskraft des Menschen, ferner Verba, mit denen deren Tätigkeit bezeichnet wurden, wechselten im damaligen Sprachgebrauch der Schulen und der einzelnen Denker. Darin bestehen großenteils die Schwierigkeiten der philologisch-historischen Interpretation. Wissenschaft und Philosophie (in engerem Sinne) mußten sich erst ihre *Sprache* suchen — wie wir es heute an den „Fachsprachen" der Einzelwissenschaften beobachten können. Es war auch in der Entstehungszeit der Philosophie nicht nur der unterschiedliche und schwankende Sprachgebrauch der griechischen Stämme und Städte, welcher die Wahl geeigneter Wörter für die philosophischen Begriffe mitbestimmte und die Einbürgerung einer einheitlichen und verbindlichen „philosophischen Fachsprache" erschwerte.

Es kam hinzu, daß mit dem philosophischen Fragen und Denken eine geistige Bewegung einsetzte, die sich selber erst allmählich aus einer vorgegebenen Anschauungsweise loszuringen vermochte. Man hat den Weg, den die frühe griechische Philosophie einschlug, als den *„vom Mythos zum Logos"* bezeichnet und sich damit auch auf das Selbstverständnis der vorsokratischen und späteren Denker berufen können. Man darf jedoch nicht übersehen, daß dieser Weg kein eindeutiges Urteil über die Mythologie impliziert und daß die geschichtliche Entwicklung der Philosophie in dieser Hinsicht nicht widerspruchslos war. Es gab immer wieder Epochen und Denker, die auf alte Mythen oder mythologische Denkformen zurückgegriffen haben, wie in der Spätantike, in der Renaissance und noch in neuerer und neuester Zeit. Um das zu verstehen, muß wenigstens ganz kurz erläutert werden, was mit *Mythos* und *Mythologie* gemeint ist.

2. Das Wort „mythos" bedeutet Rede, Erzählung, Sage, Wort und in den sogenannten „Homerischen" Epen ein besonders gewichtiges Wort — obwohl ihr Dichter zu den Mythen von Göttern schon in einem distanzierten Verhältnis stand. Erst mit der „Philosophie" — d. h. zunächst noch: der „Wissenschaft" im Sinne genau beobachtender, nachdenkender Erkenntnis — kamen die Mythen in den Verdacht und Ruf, bloße Fabeln, Erdichtungen und Ammenmärchen zu sein, so wie auch das deutsche Wort „märe" ursprünglich „wichtige Kunde, Nachricht" und erst im späten Mittelalter „erfundene Geschichte" bedeutete. Auch die neuzeitliche Aufklärung hat wiederum die Mythen als Erzeugnisse einer schweifenden Phantasie angesehen; erst Giambattista *Vico* (1668—1744) und Johann Gottfried *Herder* (1744—1803) regten dazu an, die Mythologie in anderem Licht zu sehen und ihrem Sinn gerecht zu werden.[4]

Die gegenwärtige Mythenforschung geht von der Erkenntnis aus, daß zwar nicht alle literarisch überlieferten, aber die *archaïschen* Mythen das Zeugnis einer eigengesetzlich strukturierten Phase der geistigen Entwicklung des Menschen sind, die der Ausbildung des rational-wissenschaftlichen Bewußtseins voranging, aber als solche in ihm noch heute teils ungebrochen, teils in veränderten Formen, z. B. der Traumbilder, der Symbolik und Metaphorik, der Kunst, der dichterischen und religiösen Sprache wirksam ist. Die rationale Reflektiertheit verlassend, vermögen wir uns noch in jene seelische Haltung zurückzuversetzen, für welche die Mythen eine *„authentische"* Rede von der Welt und vom menschlichen Dasein waren, wie sie der zum „Verwundern" erwachende Mensch erlebte. Um wenigstens von *einer* Seite her zu verstehen, daß und warum die *uns* zunächst so phantastisch anmutenden mythischen Gestalten für wirklich gehalten werden konnten, greifen wir ein erkenntnistheoretisches Charakteristikum der mythischen Erfahrung heraus, das bereits in der antiken Kritik am Mythos falsch interpretiert wurde. Nachdem nämlich die Mythologie von *Platon* und *Aristoteles* schon wieder günstiger beurteilt worden war, suchten die *Stoiker* sie zu „erklären" mit der Annahme, die

[4] Vgl. Die Eröffnung des Zugangs zum Mythos, hrsg. v. Karl *Kerényi*, Wiss. Buchges., Darmstadt 1967.

Mythologen hätten sich zum Ausdruck ihrer Gedanken *„allegorischer"* Bilder bedient. Gerade das trifft aber auf die mythischen „Geschichten" nicht zu; sie gaben, wie *Schelling* sagte, *„tautegorisch"*, d. h. in eben diesen Aussagen einer sinnvoll einleuchtenden Deutung der *Wirklichkeit selbst* den erregenden Eindruck der sinnlichen Gegebenheiten wieder. Der Mythos hält sich noch ganz unbefangen an die Sinnfälligkeit, mit der die Erscheinungen offenbar ihr „Wesen" zu erkennen geben (vgl. E. *Cassirer,* Philos. d. symbolischen Formen, II, 7 ff.). Diese Erlebensweise können wir nachvollziehen in der uns noch vertrauten *„physiognomischen"* [5] Wahrnehmung ausdrucksvoller „Gestaltqualitäten". Sie ist nicht auf das Sehen beschränkt. Noch vor den ausgebildeten „Mythen", anhebend mit dem *sprachlich* vermittelten Bewußtsein der „bedeutsamen" Begebenheiten, die ihn „ergriffen", hat der Mensch diese zu verstehen gesucht, indem er sich daran hielt, wie sie „aussahen", „sich anhörten" und „gebärdeten", also sich ihm — *wie er selber* — „zu verstehen gaben". Erfahrung lehrte, ob sie ihm freundlich oder feindlich, günstig oder gefährlich waren und wie er sich ihnen gegenüber zu verhalten habe. Mit dem, was man *„magische"* Gebräuche nennt, suchte er sich ihren Beistand zu gewinnen oder sie zu „bannen" — wenn möglich in seine Gewalt zu bringen. Auch um Überblick und Einsicht in ihre Ordnung war er frühzeitig bemüht und folgte dabei der auffälligen Ähnlichkeit unter ihnen und den „Einflüssen" die sie aufeinander haben. So fand er allmählich Gruppierungen und Wirkzusammen-

[5] Das sog. *„physiognomische"* Erkennen reicht weit über das Feld der „Physiognomik" *Lavater*scher Art hinaus. Es sei empfohlen, z. B. die Schriften von Rud. *Kassner* und L. *Klages* zu lesen, ferner Th. W. *Adorno,* Einleitung zum Sammelband: Der Positivismusstreit in der deutschen Soziologie, hrsg. von Heinz Maus und Fr. Fürstenberg, Neuwied 1969, Seite 42 f. und K. O. *Apel*: Kann es ein wissenschaftliches „Weltbild" überhaupt geben?, in Ztschr. f. Philos. Forschung, 1962, Band XVI, Heft 1. — Die Tiefenpsychologie von C. G. *Jung* und seiner Schule hat — im Anschluß an Entdeckungen von S. *Freud* — nachgewiesen, wie stark wir unbewußt noch mythisch-physiognomisch „erleben". — S. ferner: Sus. *Langer,* Philosophie auf neuem Wege, engl. 1951, dt. 1965. — Es muß freilich die Frage offenbleiben, ob wir schon ein zureichendes Verständnis der Quellen und Kriterien mythischen Erlebens gewonnen haben, weil dessen Interpretation bedingt ist durch das, was das gegenwärtige Denken an Erkenntnis für möglich oder unmöglich, glaubhaft oder unglaubwürdig hält.

hänge in der Welt, herrscherliche und untergeordnete Gewalten, wie bei sich selber: die Götter, die Dämonen, die Lebewesen, den Menschen, und ihrer aller in Raum und Zeit sich abzeichnende Sphären der Macht. Die von den waltenden Mächten gestiftete Ordnung erschien ihm nicht unbedroht; es lauerte „augenscheinlich" ständig die Gefahr, daß sie erschüttert wurde — daß die Götter der gebändigten Gewalten nicht Herr blieben oder gar selbst miteinander in Streit gerieten. Auch der Mensch griff je und je in die Ordnung „frevelnd" ein, anstatt sich der von den Göttern gefügten Ordnung zu fügen. Kulthandlungen mußten dafür sorgen, daß die Ordnung erhalten und vom Menschen mitverbürgt wurde, indem er dankte und feierte, flehte und bat, opferte und sich entsühnte. Das *„Heilige"* (tabu, sebastón, fanum, sacrum) schied sich vom *„Profanen"* [6] und forderte Frömmigkeit (eusébeia, pietas) und Verehrung (religio). Wo Götter in irgendeiner ihrer Gestalten erschienen waren, wurde der Ort zum heiligen Bezirk (témenos, templum) ihrer Anbetung. Mythen knüpften sich an die Kulte, oft um ihren in Vergessenheit geratenen Sinn wieder zu deuten. Viele lokale Mythen vereinigten sich zu umfassender Mythologie, in der sie sich vielfältig durchdrangen und veränderten.

Die Homerischen Dichtungen („Epen") verbreiteten die Mythologie der „olympischen Götterwelt" über den griechischen Sprachraum, so daß *Herodot* sagen konnte, *Homer* habe „die Griechen ihre Götter gelehrt"; aber eine Lehre im Sinne denkerisch einheitlich geordneter Aussagen über die Welt, die Götter und Menschen gab *Homer* noch nicht. Erst der Dichter *Hesiod* bemüht sich darum; er trägt eine *Kosmogonie* („Weltentstehungslehre") und eine *„Theogonie"* (Geschichte der Göttergeschlechter) vor, in die er schon personifizierte ethische Begriffe einflicht, und berichtet von den „fünf Zeitaltern" der Menschheit. Andere, von *Aristoteles* „Theologen" genannte Denker, folgten auf ihn; und es ist nicht zu verkennen, daß noch bei den späteren Philosophen eine Umformung der mythisch-religiösen Gedanken erfolgt, die auch aus der orientalischen Umwelt Griechenlands viel Anregung empfing. Die Griechen hatten keine dogmatisch, d. h. in verbindlicher Form fixierte Mythologie; es war jedem Dichter und Denker erlaubt, neue Versionen der Überlieferung vorzutragen. Nicht zuletzt diese Beliebigkeit der Meinungen wird es gewesen sein, die dem auf vielen

[6] Vgl. Mircea *Eliade*, Das Heilige und das Profane, Hamburg 1957.

Gebieten — der Geometrie und Astronomie vor allem — schon erwachten Sinn für ausweisbares „Wissen“ zum Anstoß wurde. Es war die große Handelsstadt Milet mit ihrem auch geistig beweglichen Leben, in der sich der Umschwung der Denkweise durch eine entscheidend veränderte Fragestellung vollzog.

3. Einer der „Sieben Weisen“, *Thales* (im 6. Jh. v. Chr.), den auch *Aristoteles* den „Urheber“ der eigentlichen Philosophie nennt (Met. 983), fragte als erster nach dem „Anfang“ (arché) der Dinge nicht mehr nur wie die Mythologen im Sinne des zeitlichen Beginns oder ersten *„Zustandes“*, sondern ihres *„Urbestandes“*, d. h. dessen, woraus alles „im Grunde“ besteht. Die Mythen konnten nur „erzählen“, *wie* einst alles geworden sei; jetzt sollte „erklärt“ werden, *was* es in allem Wechsel des Entstehens und Vergehens der Dinge — ähnlich und doch in strengerem Sinne als die „unsterblichen“ Götter der Mythologie — *unwandelbar* und *unvergänglich ist und bleibt.* Wenn nun *Thales* das Wasser als diesen „Urgrund“ namhaft macht, so erinnert das noch sehr an gewisse Mythen, die den Okéanos für jenen Gott hielten, der alle Götter mit der Meeresgottheit Tethys gezeugt habe (Ilias XIV, 302; vgl. Genesis I, 1, 2); aber *Thales* sah im Wasser das alles belebende *Element,* wie denn überhaupt die milesischen Denker keine „tote“ Materie kannten.[7] So ist nach *Anaximenes,* dem dritten in der Reihe der Milesier, die Luft in allem, was „wächst“ (physis), das dem Entstehen und Vergehen zugrunde liegende Element. Das einzige authentische Fragment, das wir aus *Anaximenes'* Schrift ›Über die Physis‹ haben[8], lautet aufschlußreich: „Wie unsere Seele (psyché, d. i. „Hauch“) Luft (aër) ist und uns dadurch zusammenhält (!), so umspannt auch die ganze Weltordnung . . . Odem (pneuma) und Luft“ (Fragm. B. 2).

Man könnte nun darin, daß *Anaximenes,* wie *Thales,* einen konkreten „Stoff“ aufgriff, einen Rückfall hinter *Anaximander* sehen, der bereits eine erstaunliche Abstraktion vollzogen hatte, insofern er das *„Apeiron“* für den Urgrund erklärte. Es ist nicht leicht, dieses Wort so zu übersetzen, daß wir uns seines vollen Sinngehalts im archaïschen Denken bewußt werden. „Peras“ ist „das Begrenzte“ und „Á-peiron“

[7] Man hat für diese Auffassung den Begriff *„Hylozoismus“* geprägt: „hyle“ ist Stoff und „zoë“ Leben.

[8] Die Fragmente aus den Schriften der vorsokratischen Denker sind von Hermann *Diels* gesammelt worden in 3 Bänden, 1. A. 1903, Weidmann, Berlin.

dessen Negation, also das „Unbegrenzte". Gemeint ist jedenfalls eine zeitliche Unendlichkeit. Aber es ist auch an die qualitative „Unbestimmtheit" gedacht; denn es wird berichtet, daß *Anaximander* die Entstehung der Dinge auf ein Auseinandertreten von entgegengesetzten Qualitäten zurückführte — des Warmen und Hellen des Himmels, des Kalten und Dunklen der Erde, dann des festen Landes und flüssigen Meeres usw. So scheint das Apeiron noch dem mythologischen „Chaos" verwandt zu sein. Dieser Deutung stehen allerdings einige andere, uns indirekt überlieferte Aussagen *Anaximanders* entgegen, nach denen er das Apeiron dem Göttlichen gleichgesetzt und von ihm erklärt habe, „es umfaßt und steuert alles". Das Hervorgehen des „Begrenzten" wird noch mit einem weiteren Gedanken verbunden. Das einzige authentische Fragment, das wir von ihm besitzen, lautet: „Urgrund der seienden Dinge ist das Apeiron. Woraus aber das Entstehen (génesis) der Dinge ist, dahin geht auch ihre Vernichtung, wie es sich gehört. Denn sie leisten einander Strafe und Buße für ihre Ruchlosigkeit nach der Anordnung (taxis) der Zeit" (Fragm. 9, 27 ff). Die *Zeit* (chronos) setzt demnach den sich aussondernden Dingen ihre Grenze und vollzieht das *Gericht* über ihre wechselseitige Ungerechtigkeit! Darum herrscht in den einzelnen Sphären und im Ganzen des Seienden doch eine Ordnung, die *Anaximander* mit dem griechischen Wort für „Geschmeide" — *Kosmos* — benennt; als Astronom gibt er sogar zahlenmäßige Verhältnisse der kreisenden Kugeln (sphaira) an, innerhalb deren die Erde frei in Gestalt eines Zylinders schwebt. Dieser Versuch einer geometrisch genauen Bestimmung der kosmischen „Proportionen" bleibt maßgebend für den Begriff des „Kosmos" auch in späterer Zeit. Rätselhaft aber mochte die Aussonderung der Qualitäten, des hellen und warmen Himmels, der dunklen und kalten Erde und aller weiteren Dinge aus dem Apeiron bleiben. Zu ihrer Erklärung wird *Anaximenes* — außer dem schon genannten Grunde — die Luft, die scheinbar qualitätslos und grenzenlos ist, dem Apeiron gleichgesetzt haben; denn nach damaliger Erfahrung konnte gut gedacht werden, daß, wie *Anaximenes* sagte, aus ihrer Verdünnung oder Verdichtung Feuer, Dunst, Wolken, Wasser, Schlamm und Erde entstehen könnten.

Dem Gedanken *Anaximanders,* daß der Kosmos eine zahlenmäßig geregelte Ordnung habe, entsprach bei den Pythagoräern die Lehre, daß überhaupt die *Zahl* die arché, also Ursprung und Wesen der Dinge sei. Schon der Begründer dieser Philosophenschule in Süditalien, der auf der Insel Samos geborene *Pythagoras,* soll als Mathematiker und

Musiker — in den zwei Wissenschaften, welche die Pythagoräer besonders pflegten — die Entdeckung gemacht haben, daß die harmonischen Tonverhältnisse genau den ganzzahligen Proportionen der Saitenlängen eines Instrumentes entsprechen. Aus einer vielleicht späteren Übertragung dieser Erkenntnis auf den Kosmos ergab sich die berühmte Lehre von der tönenden — von uns nur infolge von Gewöhnung nicht mehr gehörten — Harmonie der um das (unsichtbare) Urfeuer kreisenden Himmelssphären. Daß aber die Dinge selber aus Zahlen bestehen sollen, erklärt sich aus der räumlichen Vorstellung der Zahlen als Figuren von Punkten, z. B. des Quadrates oder Rechtecks, des Würfels oder einer Pyramide. So taucht hier zum ersten Male der Gedanke von „*Urteilchen*" alles Bestehenden auf.

4. Bewegtheit und Veränderung des Seienden im Unterschied zu seinem Grundbestand blieb immer noch ein ungelöstes Problem. *Heraklit* von Ephesos (um 500 v. Chr.) suchte es mit dem Gedanken zu bewältigen, daß Werden und Vergehen selber das „dauernde" Wesen der arché sei, das Sein eines sich beharrlich Gleichbleibenden dagegen nur ein Schein. Die Welt ist wie das „Feuer", das entflammt, verzehrt und verlischt; oder wie das Wasser des Flusses, in den wir heute steigen, nicht mehr „dasselbe" ist wie gestern, ebensowenig wie wir selber noch die gleichen sind. Die Unterschiede der Dinge erscheinen bei *Heraklit* als polare Gegensätze: Tag und Nacht, Winter und Sommer, Krieg und Frieden, Sättigung und Hunger, Lebendes und Totes, Wachendes und Schlafendes, Gut und Übel, und machen doch nur zusammen die Wirklichkeit aus. *Heraklit* nennt ihr Zusammengehören eine „in sich umgewendete Harmonie". Auch die göttliche Harmonie des Ganzen ist eine zwiegesichtige Einheit, die „mit dem Namen Zeus genannt und nicht genannt sein will" (Fragm. 32); denn sie ist zugleich Dionysos, der Gott des Lebens, und Hades, der Gott des Todes (Fragm. 15). „Für Gott ist alles schön und gut und gerecht; die Menschen aber haben das eine als ungerecht angenommen, das andere als gerecht" (Fragm. 102). Im göttlichen Wesen sind alle *Widersprüche* zugleich gesetzt und aufgehoben; zwar herrscht in allem „Streit" — der „Vater aller Dinge" —, doch auch ein Gesetz, „nach dem alles wird", der „*Logos*", der wie das sinnvolle „Wort" das Viele in das Eine in sich zusammenbindet. „Haben sie nicht mich, sondern den Logos vernommen, so ist es weise, ihm gemäß zu sagen, Alles sei Eines" (Fragm. 50). Auch der wachen menschlichen Seele ist dieser Logos eigen, „der sich selbst vermehrt" (Fragm. 115); „denn der Seele

Grenzen kannst du nicht ausfinden, und ob du jegliche Straße abschrittest; so tiefen Logos hat sie“ (Fragm. 45). Der Logos ist das Maß, das allem im Strom des Werdens gesetzt ist; „die Sonne wird ihre Maße nicht überschreiten: sonst werden die Erinnyen, der Dike Schergen, sie ausfindig machen“ (Fragm. 94). „In einem besteht die Weisheit (sophia), die Vernunft (gnome) zu erkennen, die alles und jedes zu lenken weiß“ (ekybérnēse) (Fragm. 41). Aber „schlimme Zeugen sind Augen und Ohren den Menschen, sofern sie Barbarenseelen haben“ (Fragm. 107), d. h. im Sinne des Wortes „Barbaren“: Menschen, die eine rauh tönende Sprache haben, die ohne Verständnis für die feine, verborgene, „nur andeutende“ Rede des Logos sind (Fragm. 123; vgl. 13). „Das Denken ist die größte Tüchtigkeit, und die Weisheit besteht darin, das Wahre zu sagen und, hinhörend auf die Natur, ihr gemäß zu handeln“ (Fragm. 112).

In schärfster Form widerspricht ihm *Parmenides* (um 500 in Elea, Süditalien): „Alles muß bloßer Name sein, was die Sterblichen feststellen, in der Überzeugung, es sei wahr: Entstehen und Vergehen, Sein sowohl wie Nichtsein, Veränderung des Ortes und Wechsel der leuchtenden Farben“ (Fragm. 8, 38). *Parmenides* will damit sagen: „Entstehen“ heißt: aus Nicht-sein ins Sein treten, „Vergehen“: aus dem Sein ins Nicht-sein“; „Veränderung des Ortes“ (Bewegung): nicht hier noch dort (wirklich) „sein“; Wechsel der Farben (der Qualitäten überhaupt): weder so noch anders (wirklich) „sein“. Gedanken, in denen auf solche Weise Sein und Nichtsein vermischt werden, sind „Wahngedanken“ (doxa); denn, wovon man sagt, „es ist“, das darf nur als seiend und nicht zugleich als nichtseiend gedacht werden. „Dasselbe nämlich ist Denken (noeín) und Sein“ (Fragm. 5). „Es ist nötig, zu sagen und zu denken, daß (nur) das Seiende ist; denn das Sein *ist*, das Nichtseiende aber *ist nicht*.“ Die unwissenden Sterblichen, „denen Sein und Nichtsein für dasselbe und nicht für dasselbe gilt“, sind „Doppelköpfe“ (Fragm. 6). Also: „sein“ kann nur ein „Seiendes“; und es kann auch niemals aus Nicht-seiendem hervorgegangen sein noch „zu nicht“ werden (Fragm. 8). Ebenso kann es nur ganz und gar „sein“, nicht stärker oder schwächer, nicht teilweise, nicht in sich verschieden. „Als das Selbe im Selben bleibend ruht es in sich selbst“ (Fragm. 8, 29), vergleichbar „der Masse einer wohlgerundeten Kugel“ (Fragm. 8, 43). Das ist „der wohlgerundeten *Wahrheit* (alétheia) unerschütterliches Herz“, die er — wie das Proömium seines Lehrgedichts ›Über die Physis‹ dramatisch schildert — auf der „Fahrt zum Licht“

wie eine Offenbarung von der Göttin empfangen haben will. Die Begründung ist ausgesprochen in dem entscheidenden Satz: „Denken und das, weswegen Denken ist, ist dasselbe; denn nicht ohne das Seiende, in dem es ausgesprochen ist, wirst du das Denken antreffen" (Fragm. 8, 34 ff.).

Man wird *Parmenides* nur verstehen, wenn man die Konsequenz beachtet, mit der er aus der, später von der Logik zum „Grundsatz" erhobenen, Identität jeden Begriffs mit sich selber, folgert, daß auch das zum Denken schlechthin gehörende „Sein" als nur mit sich selbst identisch gedacht werden dürfe. Dieser Denknotwendigkeit zufolge ist es das Wesen des Seins, „zu sein", ohne daß über dessen Wie und Was noch etwas „anderes" gesagt werden könnte. Denn mit jeder Unterscheidung an ihm müßte von einem „Nicht-sein" in dieser oder jener Hinsicht die Rede sein, z. B., wenn es sich räumlich, zeitlich, qualitativ und quantitativ verändern könnte. Es kann darum auch nicht als „Arché" das „Beständige" in einem „anders seienden" Kosmos sein. Daß die „Doxa" des Menschen ihn für „seiend" hält, erklärt sich aus der Mischung von „Licht und Finsternis" (fr. 9) in den Sinnesorganen (fr. 16). In welche Widersprüche diese, dem Schein verfallene „Meinung" sich verwickelt, demonstrierten dann seine Schüler, wie *Zenon* aus Elea (um 490—430 v. Chr.) an frappierenden „Paradoxien", z. B. daß ein fliegender Pfeil gar nicht widerspruchslos „denkbar" sei. Die archäische Denkweise versagte noch vor dem Problem des Infinitesimalen, das auch erst in der Neuzeit rational-mathematisch operabel geworden ist.

5. Der Philosophie des 6. und 5. Jahrhunderts v. Chr. war durch den harten Gegensatz zwischen *Heraklit* und *Parmenides* das Problem gestellt worden, ob und wie zwischen den beiden Positionen, die jeweils gute Argumente für sich in Anspruch nehmen konnten, zu vermitteln sei. *Heraklit* hatte im Gesetz des Logos immerhin etwas Dauerndes im Wechsel anerkannt und *Parmenides* in einem zweiten Teil seines Lehrgedichts über die „Meinungen" des an die sinnliche Erfahrung und die Sprache gebundenen Menschen seine eigene Kosmologie entwickelt, womit er schließlich zugab, daß neben dem „Sein" auch der „Schein" bestünde („sei"). Es mußte wohl einerseits etwas im eleatischen Sinne identisch *„Seiendes"* gedacht werden, das dennoch die Bewegung nicht ausschließt; andererseits eine bewegende *Kraft*, welche den geordneten Kosmos entstehen läßt. Beides schien nur möglich zu sein, wenn das Seiende keine starre Einheit,

sondern eine Mehrheit von „Urdingen“ ist, die sich verbinden oder trennen können. So nahm *Empedokles* (um 490—430 v. Chr.) vier „*Wurzeln*“ der Dinge an: Feuer, Wasser, Luft und Erde, die von den Kräften der Liebe und des Streites vereint und gesondert werden und dadurch einen Kreislauf zwischen völliger Vereinigung und Trennung herbeiführen, der sich unendlich oft wiederholt — ähnlich wie auch *Heraklit* sich den „Weltbrand“ als eine ewige Wiederkehr des Gleichen gedacht hatte. *Anaxagoras* (um 499—428 v. Chr.) lehrte, es gäbe eine Unzahl von kleinsten, unsichtbaren Teilchen jeder qualitativ besonderen Art von Stoff — wie Fleisch und Haar (Fragm. 10) —, die anfänglich chaotisch vermischt waren, dann aber von dem feinsten Stoff, der Vernunft (nous), planmäßig zur Bildung des Kosmos in Bewegung gesetzt worden seien.

Wie wir in *Anaxagoras* auf den ersten Denker treffen, der eine zweckmäßig-zielstrebige Kraft in der Weltentwicklung annimmt (Teleologie), so in *Demokrit* (um 460—370 v. Chr.) den ersten „Mechanisten“. Er erklärt die Entstehung der kosmischen Ordnung aus „Atomen“, d. h. letzten, „nicht mehr teilbaren“, materiellen Elementen, die sich im leeren Raum bewegen und je nach ihrer Größe und Gestalt zu größeren Gebilden miteinander verhäkeln. In diesem Prozeß herrscht weder Zufall noch Plan, sondern blinde, mechanische Notwendigkeit. Daß der Mensch die Dinge erkennen kann, verdankt er nach *Demokrits* Lehre den seelischen Feueratomen, die den Körper durchströmen und leuchtende „Bilderchen“ (eídola) von den äußeren Gestalten empfangen. Die atomistische „Physik“ *Demokrits* unterschied sich von der rein mathematischen der späteren *Pythagoräer* — die ein materielles Kontinuum annahmen, in dem sich die regelmäßigen geometrischen Körper bewegen und ineinander verwandeln — im Prinzip bereits genauso, wie die physikalische Theorie *Gassendis* (1592—1655) von derjenigen seines Zeitgenossen René *Descartes* (1596—1650).

6. *Parmenides* hatte den „Sinnenschein“ grundsätzlich verworfen; ein Nachfolger *Heraklits, Kratylos* (um 400 v. Chr.), folgerte aus dessen Lehre vom Fluß aller Dinge, daß überhaupt nichts eindeutig als ein wiederholt bestimmbares Ding bezeichnet werden könne, sondern nur jeweils hier und jetzt; *Aristoteles* berichtet (Met. IV, 1010, a), „er bewegte nur noch den Zeigefinger hin und her“. Die bekannten Sinnestäuschungen — z. B., daß ein ins Wasser getauchter Stab gebrochen zu sein scheint — trugen ein übriges dazu bei, die

Angewiesenheit des Menschen auf die trügerische Wahrnehmung zum Beweisgrund für die Unmöglichkeit wahrer Erkenntnis und für die Willkür aller „Namen", Begriffe und Urteile zu machen. Die einander widersprechenden Lehren der „Weisen" schienen das nur zu bestätigen.

Es waren *„Sophisten"* des 5. Jahrhunderts, die aus dieser Bezweifelbarkeit allgemeingültiger Erkenntnis — aber auch des Wahrheitsanspruchs ethischer und politischer Überzeugungen — die Konsequenz zogen, daß alle Urteile und Aussagen der vermeintlichen Erkenntnis nur „Meinungen" von Einzelmenschen seien. Am schärfsten sprach es *Protagoras* (um 485—410) aus: „Der Mensch ist das Maß aller Dinge, der seienden, daß sie sind, der nichtseienden, daß sie nicht sind." Man muß, wie die Sophisten betonten, scharf unterscheiden zwischen dem, was „natürlich" (physei) gegeben und unveränderlich ist, und dem, was der Mensch (vor allem in seiner Sprache) willkürlich „gesetzt" hat (nómoo, thesei) und darum auch eigenmächtig ändern kann. Auf den Nutzen, den Erfolg und das Glück im Privatleben und in der politischen Gesellschaft komme es beim Nachdenken an. Über die außermenschliche Natur und gar über die übermenschlichen Mächte, von denen die alte Mythologie kündete, könne man nichts Genaues wissen. Die sophistische *„Aufklärung"* vollzieht so den entschiedenen Bruch mit der mythischen Überlieferung, der sich im Denken ihrer Vorgänger schon vorbereitet hatte. Bereits *Demokrit* sieht die Menschheit auf dem Wege eines zivilisatorischen Fortschritts kraft Intelligenz und Arbeit. Die gesellschaftliche Welt wird aber von den Sophisten, je nachdem, was sie für „natürlich" oder „künstlich" halten, verschieden beurteilt. Entweder ist es ihr Sinn und Ziel, die künstlichen Unterschiede zugunsten einer vertraglich gesicherten natürlichen Gleichheit abzuschaffen, oder dem „natürlichen" Unterschied der Menschen zugunsten der „Stärkeren" rechtliche Gültigkeit in Herrschaftsordnungen zu geben. Auch in diesen Lehren geht die Sophistik von jener individualistischen Voraussetzung aus, die wir heute als „subjektiven Relativismus" bezeichnen. Mit ihm aber wird einer philosophischen Erkenntnis, die um mehr als individuelle Meinungen bemüht ist, der Boden entzogen. An die Stelle des Versuchs zu „überzeugen" — wie wenig er bisher auch geglückt sein mochte — tritt der allein noch sinnvolle Versuch, durch die Macht des Wortes (Rhetorik) zu „überreden". Berufungsinstanz für die in solcher Form konsequente sophistische Theorie war die alltägliche und geschichtliche Erfahrung des offenkundigen, unschlichtbaren Meinungsstreites unter den Menschen; schon die Sprache mit ihren bloß konventionellen Benennungen tauge nur zur Bildung von willkürlichen Vorstellungen und Ansichten, und diese fänden um so leichter Zustimmung, je geschickter und besser man zu reden versteht.

7. Der diskriminierende Sinn, den der Name „Sophisten" durch die politische Reaktion in Athen gegen die bedenklichen Folgen ihrer Unterweisung und Wirkung dann bei *Sokrates* und *Platon* bekommen hat, darf rückblickend nicht blind dafür machen, daß ihre Argumente nicht nur nicht grundlos, sondern einer kritischen Haltung und Denkweise würdig waren. Sie deckten die Schwierigkeit auf, ohne tieferschürfende Prüfung der Bedingungen einer angeblich allgemeingültigen Erkenntnis, wie sie immerhin in einigen Wissenschaften damals schon erreicht war (Mathematik, Astronomie, Medizin), mit dem Anspruch auf verläßliches „Wissen" aufzutreten. Wenn *Sokrates* bekannte, er „wisse (nur), daß er nichts wisse", so tat er das nicht allein „ironisch", um durch seine Belehrung heischenden Fragen die Mitunterredner in Verlegenheit zu setzen, sondern weil er von einem prätendierten Wissen verlangte, daß man es durch klare Vorstellungen über die Sache ausweisen könne. Wenn z. B. gefragt werde, was Tapferkeit sei, so genüge es nicht, Beispiele von tapferen Männern zu nennen, sondern man müsse sagen und begründen können (lógon didónai), was Tapferkeit als solche sei. *Aristoteles* hat später gesagt, *Sokrates* habe mit der Bedeutung der Worte, über deren Anwendung auf einzelne Fälle man sich klar sein müsse, das Wesen des *„Begriffs"* entdeckt und eben dessen genaue Definition verlangt. Wenn man dabei noch nicht gleich an eine „Logik" denkt, die *Sokrates* im Auge gehabt habe, dann trifft das zu. *Platon,* der bedeutendste Schüler des *Sokrates,* ist jedenfalls in dieser Richtung weitergegangen; denn auch der Sinn von „Begriff" liegt in dem, was er eine *„Idee"* nannte. Sie ist das „Eine", auf welches das Denken hinschauen (idein) und sich richten muß, wenn es über vage Meinungen hinaus zur Erkenntnis des mit den Worten Benannten und Gemeinten *„an sich"*, d. h. des unabhängig vom Gedachtwerden „Seienden selbst", gelangen will. Vorbild für ein von solcher Einsicht in das „Wesen" des Gedachten begründetes Wissen war *Platon* die Mathematik. In ihr gelten keine Meinungen, sondern beweisbare Erkenntnis; ihre Erlernung machte er deshalb zur Vorbedingung jeder weiteren, philosophischen Unterweisung und Mitarbeit in seiner Schule, der „Akademie". Nach dem Vorbild der Mathematik sollte alle For-

schung, vor allem die Philosophie, betrieben werden. Aber die philosophische Erkenntnis sollte auch der Mathematik gegenüber eine gründlichere sein, insofern sie sich nicht mit der Demonstration mathematischer Erkenntnis begnügte, sondern um die Einsicht bemühte, aus welchem *Grunde* sie sich als *Wissenschaft* bewährte. Denn der Mathematiker frage nicht hinter jene obersten Sätze (Axiome) zurück, die ihm zur Grundlage (hypóthesis) für alle Beweise und Einzelsätze dienen; sein Interesse sei auf Erweiterung seiner Erkenntnis gerichtet, das des Philosophen auf die Ergründung dessen, was „Wissen" (epistéme) überhaupt sei (das war wohl noch nicht die Frage des *Sokrates* gewesen). An der Mathematik läßt sich nun zeigen, daß es ein Wissen gibt, das nicht *aus* sinnlicher Erfahrung gewonnen, sondern nur *anläßlich* ihrer in der Seele wach wird, wie wenn sie sich dessen nur wieder „erinnerte". *Platon* umschreibt diese wundersame Vorgegebenheit eines Wissens vom Wesen mathematischer Gegenstände und der Verhältnisse unter ihnen — z. B. des sog. Pythagoräischen Lehrsatzes (vgl. den Dialog ›Menon‹) — mit Vorsicht und bewußter Zurückhaltung, indem er die Vermutung ausspricht, die Seele habe vor ihrem Eintritt in die Welt der Sinnendinge („Phänomene") die Ideen aller Dinge schon an einem „übersinnlichen" Ort geschaut — in der Welt der Ideen als der „Urbilder" alles bildlich-sinnlich Erscheinenden.

Das gilt nun auch, über die mathematischen Gebilde hinaus, für alles, was in der Sinnenwelt in bestimmter, wenngleich nicht „ideal" gleichbleibender Gestalt erscheint. Darum kann die sinnliche Erfahrung nicht ganz als „bloßer Schein" verworfen werden; denn in allem Wechsel, Entstehen und Vergehen, „erscheinen" doch immer wieder einander gleichartige Gestaltungen wie „Abbilder" der ewigen Ideen, und zwar in der Physis genauso wie im menschlichen, gesitteten Leben. Das Verhältnis der in Raum und Zeit auftretenden, wandelbaren und unvollkommenen Dinge und Verhältnisse zu den Ideen bezeichnet *Platon* bald mit „Abbildung", bald mit „Nachahmung" oder „Teilhabe"; betont aber (wenigstens in den Dialogen der mittleren Zeit) die „Kluft" (chōrismós), die sinnliche und geistige Welt voneinander trennt. Erst die späten Dialoge mühen sich um eine gedankliche Vermittlung zwischen beiden in der von ihm *„Dialektik"* genannten höchsten Erkenntnisart der Philosophie. Das wahrhaft „Seiende" sind also die Ideen, die jedoch nicht wie isolierte, materielle Elemente, Teilchen oder Atome von äußeren Kräften bewegt werden. Es sind maßgebende „Formen" (eídē), begrifflich faßbare Seinsbestimmtheiten, an die sich das Denken hält, wenn es eine sinnliche Erscheinung z. B. als die eines Pferdes, eines Menschen, eines gerechten Mannes usw. erkennt. Sie stehen in einem denkend nachvollziehbaren, logischen Sinnzusammenhang miteinander, den man z. B. in einer Begriffspyramide von über- und untergeordneten Gattungen und Arten darstellen kann. Die höchste aller Ideen, die Idee dessen, was sie alle als Ursprung und Ziel der „Liebe" zur Erkenntnis sind, ist die Idee des „Guten" (Göttlichen), der Inbegriff ihres allem Seienden Helligkeit und Sichtbarkeit schenkenden Wesens, den *Platon* mit der sinnlichen Sonne vergleicht, die alles „Physische" wachsen und erscheinen läßt (Politeia 508, A ff.).

Unserer Absicht gemäß, die historische Darstellung auf die Kernfrage der Philosophie nach der Seinsweise des Seienden — die nach *Aristoteles* sogenannte „Metaphysik" — zu begrenzen, muß darauf verzichtet werden, die Bedeutung der Ideenlehre *Platons* für die Behandlung des ihm neben der Begründung gültigen „Wissens" wichtigsten Problems einzugehen, nämlich die Erkenntnis der Gestalt einer Polis, die der Idee des Guten, des „höchsten Gutes", und der Gerechtigkeit unter den einschränkenden Bedingungen der sinnlichen Welt am nächsten kommt. Seine umfänglichsten Dialoge waren die ›Politeia‹ und das Spätwerk der ›Gesetze‹ (Nomoi).

8. *Aristoteles* sichtete und ordnete die vielfältig ineinander verschlungenen Gedanken *Platons* zu einem alle damaligen Wissenschaften umfassenden System, das weithin maßgebend für die spätere Philosophie des Abendlandes geblieben ist. Der Platonischen Ideenlehre entspricht bei ihm die „Erste Philosophie" als Lehre von den allgemeinsten Bestimmungen (Kategorien) und Prinzipien des „Seienden als solchem". Er ist der Überzeugung, die als erster *Parmenides* in seinen lapidaren Sätzen über die „Selbigkeit" des Denkens und des Seins aussprach[9], daß dem schon in der Sprache artikulierten vernünftigen *Denken* die im *Seienden* als solchem herschende Vernunft nicht verborgen bleibe, sondern sich in einer mit ihr übereinstimmenden Erkenntnis aussagen lasse. In gründlichen, schon recht modern anmutenden Analysen untersucht er in der ›Metaphysik‹ die Begriffe, mit denen das erkennende Denken das Seiende anläßlich der Erfahrung erfaßt. In unseren Urteilen (Sätzen) wird von einem „Subjekt" — in

[9] Sie liegt jedoch als Voraussetzung schon dem Denken der Vorsokratiker bis zu den Sophisten zugrunde, deutlich in der 'Logos'-Lehre *Heraklits*; vgl. dessen zitierte Fragmente 45, 50 und 115.

grammatischer und metaphysischer Bedeutung des „Zugrundeliegenden" — etwas *„Allgemeines"* im „Prädikat" ausgesagt. Alle Aussagen beziehen sich aber zuletzt auf *Einzelwesen* in Raum und Zeit; diese sind das Seiende selbst, die „erste ousia" (oder „Substanz", wie es in der späteren lateinischen Übersetzung heißt). Das Allgemeine ist das „Wesen", das ein individuelles „Subjekt" mit anderen gemeinsam hat — die „zweite Substanz" —, aber nach *Aristoteles* nicht, wie beim frühen *Platon,* im Sinne der „Teilhabe" an einer „an sich übersinnlichen Idee", sondern als eine nur im Individuellen wirkliche und wirksame *„Form"* (eidos). Aus der Zugehörigkeit zu einer allgemeinen „Gattung" von Seiendem läßt sich auf wesensmäßige Eigenschaften und Verhaltensweisen des einzelnen Exemplars schließen, wie z. B. aus dem Mensch-Sein auf die Sterblichkeit jedes Menschen; oder daraus, daß ein fester Körper schwer ist, darauf, daß jeder Körper fallen muß. In jedem Ding gibt es aber auch etwas, was es von seinesgleichen unterscheidet, weil es den Zufälligkeiten der Verwirklichung seiner Wesensform in einem *„Stoff"* (Materie) unterworfen ist. *Aristoteles* geht hierbei von dem Vorbild der Entstehung eines Gegenstandes durch die formende Tätigkeit eines Werkmeisters aus, der irgendeinem Material eine bestimmte Gestalt gibt; ebenso von der Erfahrung, daß alle lebenden Wesen aus einem Keim hervorgehen, der die Nahrungsstoffe umbildet zur vollentfalteten Wesensgestalt einer Gattung von Pflanzen, Tieren und der des Menschen. Die „Wesensform" löst als solche, die „das Ziel schon in sich birgt" (Entelechie), den Prozeß ihrer „Verwirklichung" im Stoff, der bloßen „Möglichkeit" der Formung, zielstrebig aus. Aber auch die Materie der Nahrung von Lebewesen ist schon geformt; bereits die anorganische Natur zeigt wesensverschiedene „Elemente" — deren qualitative Beschaffenheit von unseren Sinnesorganen wahrgenommen wird — und hebt sich damit von der noch völlig ungestalteten „ersten Materie", dem untersten, unbestimmbaren Rohstoff ab. Wie nun alle organischen Wesen dem anorganischen Stoff die „vegetative Form" des Wachstums, der Ernährung und Fortpflanzung als „seelische" Wirksamkeit aufprägen, so die animalischen (tierischen) Wesen der formbaren Materie eines schon belebten Leibes die Form einer „triebhaften und empfindenden Seele", und ihr wieder die „vernünftige Seele" des Menschen die Wirksamkeit des Denkens. Von der irdischen Welt, ihren Elementen und beseelten Wesen wesensverschieden ist wieder die himmlische, in der die „Gestirnsseelen" in ewigen Kreisläufen sich bewegen, während alle Bewegung auf der Erde geradlinig zwischen einem Anfang und einem Ende verläuft. Alle Wesensformen wurden aber vom höchsten Wesen, der Gottheit, erst in Bewegung gesetzt. Wie der Gott ihr „erster Beweger“ war, so bewegt er sie zugleich als Ziel, auf das hin sie wie Liebende streben (Met. XII, 1072 b 3 ff.)[10]; denn Gott ist die *eine* unbewegte Form des sich selber denkenden Denkens, die vollkommene „*Wirklichkeit*“, der alle übrigen Wesen nur immer entfernter und schwächer gleichen.

Zweifellos lag nun darin, daß *Aristoteles* auch davon gesprochen hatte, daß der werkschaffende Mensch die von ihm denkend erfaßten Wesensformen auch in verschiedenem Material verwirklichen könne, eine wieder an *Platon* erinnernde Vorstellung, die nicht leicht mit der Aristotelischen Erkenntnislehre und Metaphysik vereinbar erscheinen mochte. Jedenfalls hat später *Porphyrios* ausdrücklich die Frage aufgeworfen, ob die *Allgemeinbegriffe in* den Dingen oder *außerhalb* derselben, im Intellekt oder außerhalb seiner, und ob sie körperlich seien oder nicht. Auf seine Schrift geht später der sog. Universalienstreit der Scholastik zurück.

9. In der auf *Aristoteles* folgenden Zeit tritt das *Interesse* an wissenschaftlicher Forschung und metaphysischer Theorie hinter das an den praktisch-ethischen und religiösen Fragen zurück. Die „Kosmologie“ („Physik“) soll in den beiden Schulrichtungen der *Stoa* — begründet durch *Zenon, Kleanthes* und *Chrysippos* — und des *Epikuräismus* — *Epikur* (ca. 341—270 v. Chr.) — wesentlich dazu dienen, eine für die Lebensführung des „Weisen“ maßgebende Einsicht in den Weltlauf zu gewähren, insofern von ihr der Weg zu Glückseligkeit (eudaimonia) und Rechtschaffenheit (areté, „Tugend“) vorgezeichnet ist. Aus solchen Erwägungen ergab sich, daß die Epikuräer auf den Materialismus *Demokrits* zurückgriffen und die *Stoiker* die *Heraklitische* Lehre vom Logos erneuerten.

In der Platonischen Akademie traten im 3. und 2. vorchristlichen Jahrhundert Denker auf, die, wie *Arkesilaos, Karneades* und *Kleitomachos*, auf die Weisheit des Sokratischen Fragens zurückweisend, daran mahnten, daß dem Menschen nur Erkenntnis verschiedenen Grades von „Wahrscheinlichkeit“ möglich und deshalb „Zurückhaltung im Urteil“ (epoché) geboten sei. Das hatte schon der jüngere

[10] Zur Einführung in die Metaphysik des Aristoteles s. Pierre *Aubenque*: Aristoteles und das Problem der Metaphysik, in: Ztschr. f. philos. Forschung, 1961, S. 301—333.

Zeitgenosse des *Aristoteles, Pyrrhon* von Elis (um 360—270 v. Chr.) ausgesprochen, der die grundsätzliche „*Skepsis*" (d. h. „zweifelnde Betrachtung") als Bedingung seelischer Unerschütterlichkeit (ataraxía) empfahl. Seine Gedanken wurden im 1. Jahrhundert n. Chr. von *Aenisedemos* aus Knossos und im 2. Jahrhundert von *Sextus Empirikus* wiederaufgenommen. Dieser stellte zehn „Tropen" (Betrachtungsweisen) auf, welche die *Widersprüche* vorführten, in die sich die menschlichen Meinungen unvermeidlich verwickeln, — u. a. am Verständnis des Verhältnisses von Ursache und Wirkung, das, wie wir sehen werden, bei David *Hume* wieder Anlaß zur Skepsis wurde, — und ließ nur die *Erfahrung* (empeiría) als Quelle einer möglichen Erkenntnis gelten.

Jedoch vermochte auch dieser zweite Angriff auf die Metaphysik im Altertum sie nicht auf die Dauer zu erschüttern. Unter dem Druck der Verhältnisse des späten Römischen Reiches, in welchem die freiheitliche Einordnung der Bürger in die „Polis" und „Res Publica" längst verlorengegangen war und auch der philosophische „Weltbürger" sich an ein dunkles Geschick ausgeliefert fand, schaute man nach anderen als bezweifelbaren philosophischen Erkenntnissen aus. Mythisch-religiöse, aus dem Orient eindringende Lehren und Mysterienkulte boten den verzagenden Seelen die Entschleierung kosmischer Geheimnisse (mysteria) und Halt gebenden Glaubenstrost an. Vor allem wohl die bewundernswerte Festigkeit der gläubigen Gemeinde und ihrer Glaubenszeugen („Märtyrer") trugen zur Ausbreitung des *Christentums* bei, das nach langer Verfolgung aus politischen Gründen von *Konstantin I.* (um 250—337) seine offizielle Duldung und Förderung erfuhr. Schon seit dem Apostel *Paulus* hatten die christlichen Missionare sich mit der griechisch-römischen Philosophie auseinanderzusetzen; die *Apologeten* („Verteidiger" des Glaubens) und die *Kirchenväter* der ersten Jahrhunderte mußten in der Theologie die den biblischen, meist „heilsgeschichtlichen" Schriften fremde, aber doch als „Weltweisheit" imponierende Metaphysik in ein wohlabgewogenes Verhältnis zu den geoffenbarten Glaubenswahrheiten setzen. Dieser Prozeß fand im wesentlichen seinen Abschluß bei *Augustinus* (354—430), der nach langem denkerischen Ringen zuletzt über den Neuplatonismus den Weg zum christlichen Glauben gefunden hatte, aber nun als Theologe auch die neuplatonische Philosophie einer eingreifenden Kritik unterwerfen mußte. Grundsätzlich war jedoch damit auch der Philosophie ein fester Platz im System der *Theologie* eingeräumt worden.

Begründer der neuplatonischen Philosophie war *Plotinos* (204 bis 270). Vorgedanken seiner Lehre finden sich zwar bei dem Stoiker *Poseidonios* (um 135—50 v. Chr.) und dem jüdischen Theologen *Philon* (um 25 v. Chr. bis ca. 50 n. Chr.); doch ist *Plotins* Metaphysik eine für die spätantike Geistigkeit charakteristische Verbindung von intellektuell-philosophischen und mystisch-religiösen Gedanken, deren *Erkenntnisinteresse* auf die Erlösung der Seele aus dem Gefängnis des Leibes und weltlicher Begierden gerichtet war, darin der etwas früheren, aber mit abstrusen Vorstellungen durchsetzten „neupythagoräischen" Lehre (*Apollonios* von Tyana, *Numenios*) verwandt. *Plotin* beschreibt die Welt als eine Stufenfolge von „Emanationen" (Ausstrahlungen), welche aus der Überfülle des „Einen", Guten und Göttlichen über die Ideenwelt, die „Weltseele", die Einzelseelen, dann die von ihnen nach den idealen Urbildern gestalteten materiellen Körper hinabreichen bis zur bestimmungslosen, im Grunde „nicht-seienden" Materie, aus der die Körper gebildet werden. Die unter ihrer Verhaftung an die Körper und die damit verknüpfte Wiederverkörperung leidenden Seelen können aus dieser unseligen Wanderung nur durch eine Umkehr und Einkehr in die höheren Welten erlöst werden. Mystische Vereinigung (unio mystica) mit der Gottheit in der „Ekstasis" (dem Außer-sich-Sein), die *Plotin* mehrmals erlebt haben will, ist das Ziel dieses ihres Wiederaufstiegs in die geistige Welt.

Die frühmittelalterliche Philosophie und Theologie stand noch unter starkem Einfluß neuplatonischer Vorstellungen, allerdings weniger derjenigen *Plotins* selber als späterer Fortbildner seiner Lehre wie *Jamblichos* (gest. um 330 n. Chr.), *Proklos* (410—485) und des unbekannten christlichen Verfassers mystischer Schriften, die unter dem Namen *Dionysios Areopagita* verbreitet waren und große Bedeutung für die westliche *Mystik* und symbolische Kunsttheorie gewannen; ferner des letzten christlichen Neuplatonikers *Boëthius* (480—525), welcher Schriften des *Aristoteles* und des *Porphyrios* (um 232 bis 304) übersetzt hatte; dieser war ein Schüler von *Plotin* und Herausgeber seiner Schriften. Wie schon erwähnt, löste seine Einleitung in die Aristotelische Logik den sog. *„Universalienstreit"* der Scholastik aus.

10. Das Problem des „Allgemeinen" (der Universalien) beschränkt sich nicht auf die Aristoteles-Interpretation; es wurde nur anläßlich ihrer zu einem philosophischen Grundproblem. Damals erhielt es seine ganze Schärfe erst, nachdem im 12./13. Jahrhundert das Aristotelische

Gesamtwerk durch Vermittlung arabischer und jüdischer Denker dem Abendland bekanntgemacht worden war. Zum Teil schon bei *Albertus Magnus* (1193 bzw. 1206/7—1280), dann bei seinem Schüler *Thomas von Aquin* (1225—1274) erfolgte eine entschiedene Hinwendung zur Aristotelischen Philosophie. *Thomas* hat alle wichtigen Schriften des *Aristoteles* kommentiert. In seinem philosophischen Hauptwerk, der „Summa contra gentiles" — einer „umfassenden" Verteidigung des christlichen Glaubens „gegen die Heiden" —, bestimmt er als Aufgabe der Philosophie die Erkenntnis der schon von der Vernunft allein beweisbaren Wahrheiten, die nach ihm eine Vorbedingung des Glaubens an die Offenbarungswahrheiten sind („praeambula fidei"), z. B. die Beweise der Existenz Gottes und der Unsterblichkeit der Seele. Sie soll darüber hinaus aber auch nachweisen, daß die Offenbarungswahrheiten zwar „übervernünftig", aber nicht „widervernünftig" sind. In dieser Bedeutung widerstreiten sich nach *Thomas* also *Glauben und Wissen* nicht — sind biblische „Autorität" (auctoritas) und vernünftige Einsicht (ratio) miteinander in Einklang; jedoch wird die Philosophie damit auch zu einer „Magd der Theologie". Die Grundbegriffe der Aristotelischen Metaphysik werden von *Thomas* in den Grenzen ihrer Vereinbarkeit mit der theologischen Dogmatik übernommen. Im wesentlichen aristotelisch ist auch seine Lehre von den Allgemeinbegriffen, nämlich die Auffassung, sie seien „*in* den Dingen" als deren „substantielle Formen", als durch Abstraktion des Denkens gewonnene Begriffe aber „*nach* ihnen" im Intellekt; augustinischer Herkunft ist dagegen die Lehre, daß die Universalien „*vor* den Dingen" im Geiste des Schöpfer-Gottes waren. Die Begriffe Gottes und der Schöpfung bedingen ferner die scharfe Unterscheidung zwischen „*Wesen*" (essentia) und „*Existenz*" aller Geschöpfe, weil nur in Gott essentia und existentia zusammenfallen.[11]

In dem nach *Thomas* neu entfachten „Universalienstreit" ging es um die nicht zureichend differenzierte Frage, ob die Allgemeinbegriffe ein „reales" Sein vor und in den „Dingen" haben oder ob sie nur *Abstraktionen* des Verstandes sind, in extremer Formulierung: bloße „Namen". Nun schieden sich die von *Thomas* noch kunstvoll überbrückten Lehrmeinungen in die beiden Standpunkte der „*Realisten*"

[11] Das Argument des „ontologischen Gottesbeweises" nach *Anselm* von Canterbury (1033—1109). — Zum Universalien-Problem s. ›Das Universalien-Problem‹, hrsg. v. W. Stegmüller, Wiss. Buchges., Darmstadt (i. Vorb.).

(in der Bedeutung: „Begriffs-Realisten"), welche der platonisch-augustinischen Auffassung folgten, und der *„Nominalisten"*, vor allem vertreten durch *Wilhelm von Occam* (um 1300—1347). Der Nominalismus glaubte sich mit der Überzeugung, nur die „konkreten" Einzeldinge seien „real" (wirklich), auf *Aristoteles* berufen zu dürfen, aber mit der (erkenntnistheoretischen) Begründung, daß die sinnliche Erfahrung immer nur Einzelnes vorfindet. Er konnte ferner ein theologisches Bedenken gegen den „Realismus" anmelden; denn wenn, wie *Thomas* gelehrt hatte, die Körperlichkeit der Grund der „Individuation" ist, so wird die Unsterblichkeit der Einzelseele in Frage gestellt. — Es kam hinzu, daß die nominalistischen Denker aus der Allmacht Gottes folgerten, er könne dem Menschen auch Nicht-Reales evident und „wesensnotwendig" erscheinen lassen, während er selber in freier Willkür über die erschaffene Welt erhaben sei.[12] — Auf die Darstellung der Bedenken, welche die Kirche aus dogmatischen Gründen im Frühmittelalter gegen den Nominalismus, später gegen den Realismus hegte, muß hier verzichtet werden. Allgemein sei nur vermerkt, daß es oft *innertheologische Probleme* waren, welche Überlegungen in Richtung auf *neuzeitliches* Denken angeregt haben! — Wenn unsere Erkenntnis nun aber ganz auf das Zeugnis der Sinne angewiesen ist, dann sind Allgemeinbegriffe nur im denkenden Verstand, als „Namen", die er den von den sinnlich gegebenen Erscheinungen abgezogenen (abstrahierten) gleichartigen Eigenschaften derselben gibt.

11. Die nominalistische Erkenntnistheorie kam bald dem wachsenden Verlangen nach einer nicht durch scholastischen Autoritätsglauben und subtile Metaphysik behinderten, unbefangenen *Erfahrung* — dem Losungswort der *Renaissance* — entgegen. Denn die auf sinnliche Erfahrung gegründete Erkenntnis gestattet dem Menschen mindestens, sich durch Begriffsbildung ein Wissen von der Welt zu erarbeiten, mit dem er sich in ihr orientieren und sie seinen praktischen Interessen nutzbar machen kann. Das berühmt gewordene Wort: „Wissen ist Macht" geht auf die Ansichten von *Francis Bacon* (1561—1626) zurück, der eine empiristische Theorie und Methode der *„Induktion"* entwarf, d. h. eines von Einzelbeobachtung zu immer allgemeineren Vorstellungen und Begriffen aufsteigenden Verfahrens. Sein Denken

[12] Vgl. dazu: *H. Blumenberg*, Ordnungsschwund und Selbstbehauptung in: Das Problem der Ordnung, VI. Deutscher Kongreß für Philosophie, Anton-Hain-Verlag, Meisenheim/Glan, 1962, S. 37—57.

bewegte sich indessen noch weithin in aristotelischen Bahnen, obgleich die Naturwissenschaft seiner Zeit schon den Weg der mathematischen Berechnung und Formulierung eingeschlagen hatte.

Anstöße in diese Richtung gab die *Platonische* Philosophie, die im 15. Jahrhundert erstmalig wieder aus den authentischen Texten bekannt wurde. An der von *Cosimo de' Medici* in Florenz (1459) auf Anregung des griechischen Philosophen Gemistos *Plethon* (ca. 1355 bis ca. 1450) aus Mistrá[13] gegründeten „Platonischen Akademie" übersetzte Marsilio *Ficino* (1433—1499) die Werke *Platons* ins Lateinische. Aus den Quellen der Mystik *Meister Eckharts* (um 1260 bis 1327) und der Platonischen Dialoge schöpfte *Nikolaus von Kues* (1401—1464) seine für die ausklingende Scholastik und das anhebende neuzeitliche Denken repräsentative Philosophie. In ihr diente die Mathematik einerseits zur symbolischen Darstellung der Unendlichkeit Gottes, in der alle Gegensätze zusammenfallen („coincidentia oppositorum"), andererseits zur messenden Erkenntnis der Dinge unter Berufung auf die (damals häufig zitierte) Stelle der „Weisheit Salomonis" (11, 21): „Du, Gott, hast alles nach Maß, Zahl und Gewicht geordnet."[14]

Während die *Naturphilosophie der Renaissance* noch auf mancherlei wiederbeschrittenen magisch-okkulten, mythologisch-astrologischen und „alchymistischen" Wegen sich um „Erfahrung" und Deutung der Dinge und ihres Wirkungszusammenhanges mühte, wurde der entscheidende Schritt zur modernen *Naturwissenschaft* bereits in der Astronomie getan: die methodische Verbindung von exakter Beobachtung mit mathematischer Hypothesenbildung. Anfänglich hart umstritten, weil die Forschungsergebnisse eines *Kopernikus* (1473—1543), *Kepler* (1571—1630) und *Galilei* (1564—1642) das ganze mittelalterliche Weltbild in Frage stellten, setzte sich die neue Naturwissenschaft bald siegreich durch, nicht zuletzt wegen des imponierenden Erfolges einer auf mathematisch kontrolliertes *Experiment* gegründeten Erkenntnis. In der erkenntnistheoretischen Auswertung des Erfolges gingen jedoch die Ansichten auseinander.

[13] Über die hier nicht mitbehandelte byzantinische Philosophie orientiert jetzt sehr gut Klaus *Oehler*: Antike Philosophie und byzantinisches Mittelalter, München, 1969.

[14] Irrtümlich leitete der Kusaner auch das lat. Wort „mens" (Geist) von mensurare (messen) ab.

Die vom Nominalismus herkommenden *Empiristen* fanden ihre Lehre bestätigt: die *Erfahrung* ist die eigentliche Quelle einer dem Menschen möglichen Erkenntnis. Gegen sie beriefen sich die *Rationalisten* wieder darauf, daß die Vernunft (ratio) mit ihrer in Logik und Mathematik bezeugten Fähigkeit, von sich aus das „Wesen" der Erkenntnisgegenstände rein begrifflich zu bestimmen, die Begriffsbildung jeder wissenschaftlichen Erkenntnis überhaupt „vor" aller Erfahrung auf *Prinzipien* bringen müsse und könne, die in *der Vernunft* selber gründen. Diese gehe darum im Sinne des *logisch* Begründenden („a priori") aller sinnlichen Erfahrung voran und könne mit den der Vernunft vom Schöpfer *„eingeborenen Ideen"* eine metaphysische Erkenntnis konstituieren, während die induktive, empirische Erkenntnis („a posteriori") allen Irrtümern der Wahrnehmung und der aus ihr stammenden Vorstellungen ausgesetzt bleibe; sie könne niemals zu einer „Gewißheit" über die „Substanz" der Realität gelangen.

12. Es war *Descartes* (1596—1650), welcher der Frage nach der *Gewißheit*, die echte Erkenntnis mit sich führen müsse, den Vorzug vor allen anderen Fragen gab. Er führte in seinen ›Meditationen über die Erste Philosophie‹ aus methodischen Gründen den Versuch durch, was alles dem *Zweifel* ausgesetzt sei und unterstellte zuletzt sogar, daß ein allmächtiger, böser Dämon uns über vermeintlich evidente Gewißheiten täuschen könne (vgl. S. 38, Mitte). Aber auch dann — so sagte *Descartes* — kann er mich nicht darüber täuschen, daß „ich bin, weil ich denke": „cogito, ergo sum."[15] In der *„Klarheit und Deutlichkeit"* dieses Bewußtseins sieht *Descartes* das Kriterium evidenter Gewißheit, vor dem auch die Begriffe bzw. „Ideen" müssen bestehen können, die im Bewußtsein angetroffen werden. Sinngemäß wird das nicht von willkürlich gemachten oder zufällig erworbenen Ideen zu erwarten sein, sondern nur von solchen, die mit dem vernünftigen Denken identisch der Seele (dem Bewußtsein) *„eingeboren"* sind. Diese Bedingung trifft nun auf die *Idee Gottes* zu, deren Gehalt unsere Vorstellungskraft unendlich übersteigt. Sie schließt aber 1. die *Existenz* Gottes ein, da sie zur Vollkommenheit seines Wesens gehört („ontologischer Gottesbeweis") und ich 2. ohne Gottes Existenz die Idee von

[15] Das oft kritisierte „ergo" (= also) darf nicht formal-logisch verstanden werden, sondern im Sinne des scholastischen Satzes: „operari sequitur esse", d. h. das *Tun* — hier das Denken (cogitare) — folgt aus dem *„Sein"*, dem „Wesen" der „denkenden Substanz" (= Ich).

ihm nicht haben könnte; 3. seine „Wahrhaftigkeit“ und „Güte“ als Gott, derzufolge er nicht wollen kann, daß ich mich in dem, was mir intuitiv evident ist, täusche. Außer der Idee Gottes betreffe ich in meinem Bewußtsein aber noch andere, meiner Seele eingeborene Ideen: die der Mathematik, der Logik und der Metaphysik, die ebenso „klar und deutlich“ sind, also die Wahrheit des mit ihnen Gedachten verbürgen. So ist eine Erkenntnis möglich, deren Gewißheit über allen Zweifel erhaben ist, eine Metaphysik, die auch die Dinge außerhalb meines Bewußtseins umfaßt. Denn die zweiflerische Vermutung, ihre vom Bewußtsein unabhängige Wirklichkeit könne nur eine geträumte sein, kann nun ebenso der Gewißheit weichen, daß Gott uns in unserer festen Überzeugung von ihrer Existenz nicht täuschen will. An einem Stück Wachs demonstriert *Descartes* sodann, daß nach Wegfall aller sinnlichen Qualitäten, da sie nicht „wesentlich“ für die Substanz sind, allein die *Ausgedehntheit* als substantielle Seinsbestimmtheit übrig bleibt. Von einer „ausgedehnten Substanz“ (res extensa) lassen sich mathematische Aussagen machen; jede exakte Erkenntnis der „Natur“ muß auf quantitative Bestimmungen reduziert werden. Auch die Bewegungsvorgänge und ihre Gesetzlichkeit lassen sich mittels der — von *Descartes* selbst begründeten — analytischen Geometrie in Gleichungen formulieren. Und wie in der Mathematik neue Erkenntisse deduktiv aus den obersten Begriffen und Axiomen gewonnen werden, so muß mit dieser rationellen Methode auch das System der „Natur“ konstruierbar sein. Diesen Versuch hat *Descartes* in den ›Principia philosophiae‹ (1644) durchgeführt.

Von der materiellen Natur ist aber die „Seele“, die *Descartes* mit dem Bewußtsein identifiziert, „substantiell“ völlig verschieden; sie ist keine „res extensa“, sondern eine „res cogitans“, ein denkendes Ich. Da nun dieses selber die „Grundlage“, das „sub-jectum“ der Erkenntnis ist, die Natur ihm nur in der „Vorstellung“ als „ob-jectum“ — beide Begriffe im scholastischen Wortsinne gedacht — gegeben ist, so kehrt sich die traditionelle metaphysische Bedeutung der Begriffe *Subjekt* und *Objekt* nunmehr um, während *„Substanz“* der Oberbegriff für beide bleibt. Allerdings sind Ding-Objekt und Ich-Subjekt keine Substanzen im strengsten Sinne; sie sind nicht schon auf Grund ihres Wesens existent, sondern von Gott, der absoluten Substanz, erst geschaffen. Es gilt an dieser Stelle zu beachten, welche Funktion dem *Gottesbegriff* bei *Descartes* und in allen späteren metaphysischen Systemen des Rationalismus zukommt: es ist der als letzter Erklärungs- und Seinsgrund im System der Metaphysik denknotwendige „Gott der Philosophen“ [16], an dem *Pascal* (1623—1662) seine in christlich-religiösen Motiven wurzelnde Kritik übte.

Mit der rationalen Auszeichnung der klaren und deutlichen Begriffe vor den „dunklen und verworrenen“ Vorstellungen der Sinnlichkeit vermeinte die rationale Metaphysik sich das Fundament gesichert zu haben, auf dem ihr Wahrheitsanspruch anscheinend nicht erschüttert werden konnte. Kam doch allen Aussagen über die „Substanz“ — d. h. das Seiende in seinem Sein — die gleiche logische Notwendigkeit zu, wie denen der Mathematik. So konnte *Spinoza* (1632—1677) seine Metaphysik — in der ›Ethik‹ — „more geometrico“ aus dem Substanzbegriff ableiten und *Leibniz* (1646—1716) aus den Prinzipien der rationalen Begriffsbildung. Formale Übereinstimmung über die metaphysische Methode garantierte jedoch, wie sich sehr bald zeigte, keine inhaltliche Übereinstimmung. Größte Schwierigkeit bereitete das Problem des Verhältnisses der beiden cartesianischen Substanzen zueinander; nach *Descartes* mußte eine Wechselwirkung angenommen werden, für welche die „Occasionalisten“ — Arnold *Geulincx* (1624—1690) und Nicolas *Malebranche* (1638—1715) — ein Eingreifen Gottes bei jeder „Gelegenheit“ (occasio) für erforderlich hielten. *Spinoza* löste das Problem, indem er die beiden unselbständigen Substanzen von der *einen* absoluten, göttlichen Substanz umfaßt sein ließ, die sich in unendlich vielen, wesensverschiedenen Formen bzw. „Attributen“ entfaltet, von denen wir nur diese beiden erfassen. Da sich aber in allen der identische Gehalt der göttlichen Substanz in substantiell übereinstimmenden *„Modis“* (Einzelbestimmungen) — wie „Dingen“ und „Gedanken“ — darstellt, so gibt es zwar nach *Spinoza* keine „Wechselwirkung“ zwischen den *„Attributen“* der Extensio und Cogitatio, wohl aber einen Parallelismus ihrer raumzeitlichen und gedanklichen Auseinanderfolge. Erkenntnistheoretisch bedeutet das: „Ordo et connexio rerum idem est ac ordo et connexio idearum.“ — *Leibniz*, der aus metaphysischen Erwägungen den aristotelischen Entelechie-Begriff wieder aufnahm (s. Brief an Remond v. 10. 1. 1714; WW. ed. Gerhard, III, 605 ff.), erklärte die räumlich-materielle Welt für ein „phänomenum bene fundatum“, eine „wohlbegründete Erscheinung“ der sinnlich-empirischen Welterkenntnis, deren metaphysischer Wesensgrund

[16] Vgl. Walter *Schulz*: Der Gott der neuzeitlichen Metaphysik, 1957, 4. A. 1967.

aber als eine von Gott gestiftete *„prästabilierte Harmonie"* der Vorstellungen in den substantiellen geistigen Einheiten — den *„Monaden"* — zu denken sei; denn eine jede von ihnen „spiegele das Universum" in der Perspektive ihres individuell-subjektiven Gesichtspunktes wider, was die Möglichkeit einer „objektiven" Übereinstimmung ihrer Weltaspekte so wenig ausschließt, wie die von perspektivisch verschiedenen Ansichten einer Stadt.

Der mit dem ontologischen Wahrheitsanspruch rationaler Metaphysik schwer vereinbare Widerstreit der Systeme sowie die *„Antinomien"*, in die sie sich mit den Begriffen vom „Unendlichen" — *Gottes,* der *Welt* und der *Seele* — verstrickten, ließen ernste Zweifel an der Leistungsfähigkeit der Metaphysik aufkommen. Andere Probleme schlossen sich daran an, wie z. B. das der *Willensfreiheit,* die mit dem von den Philosophen akzeptierten Kausalgesetz der Naturwissenschaft unverträglich schien — ebenso übrigens wie mit einer aristotelisch gedachten „Zweck-Ursache", also einer *„teleologischen" Weltordnung.* Der Empirismus mußte sich ermutigt fühlen, seine erkenntnistheoretische Überzeugung von der grundsätzlichen und für den Geltungsanspruch aller menschlichen Erkenntnis ausschlaggebenden Angewiesenheit unseres Denkens auf sinnliche Erfahrung gegen die rationalistische — und offenbar nur in dieser Form überhaupt denkmögliche — Metaphysik auszuspielen. Wir dürfen hier die empiristischen Positionen von Thomas *Hobbes* (1588—1679), John *Locke* (1632—1704) und George *Berkeley* (1685—1753), trotz ihrer historischen Bedeutung, überspringen, um desto ausführlicher auf David *Humes* (1711 bis 1776) Kritik an der rationalistischen Metaphysik eingehen zu können, welche erstmalig eine epochemachende *Selbstkritik der Metaphysik* bei Immanuel *Kant* (1724—1804) zur Folge hatte. Die Darstellung dieses Kapitels der Philosophiegeschichte soll zugleich gründlicher als bisher mit noch heute aktuellen philosophischen Denkoperationen bekannt machen.

B. Die Kritik an der Metaphysik bei Hume und Kant

1. *David Hume* schließt seine ›Untersuchung über den menschlichen Verstand‹ (1748) mit den Sätzen: „Greifen wir irgendeinen Band heraus, etwa über Gotteslehre oder Schulmetaphysik, so sollten wir fragen: Enthält er irgendeinen abstrakten Gedankengang über Größe

oder Zahl? Nein! Enthält er irgendeinen auf Erfahrung gestützten Gedankengang über Tatsachen und Dasein? Nein! Nun, so werft ihn ins Feuer, denn er kann nichts als Blendwerk und Täuschung enthalten." *Hume* führt in seiner Abhandlung aus, daß „Verstand" und „Vernunft" nach gewissen, von uns beobachtbaren Regeln die Gegebenheiten der Wahrnehmungsinhalte (der „Impressionen") sowie ihre Erinnerungs- und Phantasiebilder in sprachlichen Bezeichnungen festhalten und miteinander verbinden, so daß eine geordnete Gesamtvorstellung entsteht. Erkenntnismäßigen Wert haben die Vorstellungen aber nur, wenn Verstand und Vernunft nicht willkürlich verfahren, sondern sich von der *sinnlichen Erfahrung* leiten lassen. Sie ist die „Wirklichkeit", an der alle Vorstellungen und Urteile ausgewiesen werden müssen. Genaugenommen sind Verstand und Vernunft nach *Hume* also Äußerungen einer gewissen Gesetzmäßigkeit der Vorstellungsbildung in unserem Bewußtsein, mithin — wie wir jetzt sagen — *psychologisch* zu erklären. Impressionen z. B., die sehr oft mit- oder nacheinander wahrgenommen werden, *„assoziieren"* sich miteinander, weil geradezu zwangsläufig je die eine die andere uns in Erinnerung bringt. Auch die Annahme, daß eine momentan nicht wahrgenommene sinnliche Gegebenheit fortbesteht, ist nicht mehr als ein „Glaube" (belief), der in bloßer „Gewohnheit" an seine häufige Erfüllung gründet. So verhält es sich mit dem Begriff der *körperlichen „Substanz"* als des dinglich-beständigen Trägers bestimmter „Eigenschaften"; aufgrund der häufigen Wahrnehmung eines Komplexes sinnlicher Empfindungen schreiben wir ihm eine wesenhafte Notwendigkeit zu. Wir schließen gleichermaßen von der oft erlebten Aufeinanderfolge von Wahrnehmungen unwillkürlich darauf, daß sie „auseinander" folgen, also im Verhältnis von *Ursache und Wirkung* (Kausalität) zueinander stehen. Es gibt aber keinen logisch begründbaren Schluß auf die „Notwendigkeit" des wahrgenommenen Zusammenhanges. Was von der Dingsubstanz gilt, trifft auch auf unsere angenommene *„seelische Substanz"* (das „Ich") zu; denn was wir vorfinden, ist niemals ein sich gleichbleibendes, neben den Wahrnehmungen, Gefühlen usw. konstant wahrnehmbares Subjekt, das wechselnde Erlebnisse „hat", sondern nur „ein Bündel von Perzeptionen". Dem Zwang zur Bildung solcher Begriffe wie „Substanz" und „Kausalität" können wir uns schwer entziehen. Er verführt jedoch zur Überschätzung ihrer Erkenntnisleistung; denn sie ermöglichen auch der wissenschaftlichen Forschung nur Aussagen mit begrenztem Wahrscheinlichkeitswert. Glaubt man nun

„denknotwendige" Begriffe gefunden zu haben, die darum nicht der sinnlichen Erfahrung, sondern der Vernunft allein zu verdanken seien, und konstruiert man aus ihnen eine rein rationale Metaphysik, dann muß die erkenntnistheoretische Untersuchung Einspruch dagegen erheben. Wir müssen, so lesen wir bei *Hume,* „die echte Metaphysik mit einer gewissen Sorgfalt pflegen, um die unechte und verfälschte zu zerstören". Da bei ihm Philosophie weiterhin der Titel für die allgemeinste Wissenschaft bleibt, so wird zwar nicht Philosophie schlechthin in Frage gestellt oder gar verworfen, sondern nur ihre Gestalt als Metaphysik. Mit Logik und Mathematik verhält es sich anders; sie sind sogar im strengen Sinne „Wissenschaft". Sie können aber auch nur deshalb Aussagen von allgemeiner und notwendiger Gültigkeit machen, weil sie nicht von realen Tatsachen handeln, sondern von formalen „Beziehungen zwischen abstrakten Vorstellungen" (universals).

2. Schon vor *Hume* hatte John *Locke* mit psychologisch zutreffenden Argumenten bestritten, daß die Seele im Besitz „eingeborener Ideen" sei; bevor sie etwas empfinde, sei sie eine leere Tafel (tabula rasa). Man sieht, die Empiristen berufen sich auch dann, wenn sie, mit *Descartes,* nach den Bedingungen und Grenzen der Erkenntnis fragen, auf eine Erfahrung — nämlich auf die innere Erfahrung, wie die zu prüfende Erkenntnis aus der „Verbindung, Umstellung, Vermehrung oder Verminderung des Stoffes, den uns Sinne und Erfahrung liefern" (*Hume,* ›Enquiry‹, 2. Abschnitt), entsteht. Auf diese eigentlich nur formal ordnende und speichernde Tätigkeit reduziert sich in der Sicht *Humes* die von ihm so genannte „schöpferische Kraft des Geistes". Es ist darum verständlich, daß *Hume* den Aussagen einer Erkenntnis, die durch *„Abstraktion"* und „Induktion" von Einzeldaten der sinnlichen Wahrnehmung zu *„allgemeinen"* Vorstellungen fortgetrieben wird, keine „Gewißheit", sondern nur „Wahrscheinlichkeit" zuschreiben kann. Mit dieser gemäßigten Skepsis unterscheidet sich *Hume* von früheren Skeptikern, auf die er selbst im letzten Kapitel seines ›Enquiry‹ zu sprechen kommt. Kritisch besehen bezieht sie sich aber nicht nur auf die „äußere", sondern auch auf die „innere" Erfahrung und damit auf seine Erkenntnistheorie selber! Denn *Hume* will nicht nur beschreiben, sondern *„genetisch erklären"*, muß also notgedrungen den problematischen Kausalbegriff („Zwangsläufigkeit") verwenden und sich hierbei mit dem gleichen skeptischen Wahrheitsanspruch begnügen. Ohne irgendeinen Begriff des „Wahrheitsanspruches" läßt sich in

der Tat der Begriff „Erkenntnis" gar nicht denken. Kann man dieses Moment der *Gültigkeit*, wie *Hume* es (gleich vielen Denkern vor ihm) schon zu Beginn seiner Untersuchung tut, mit dem Begriff der „Spiegelung" und des „Abbildes" erfassen, oder sind das nicht nur Metaphern?

„Was ist Erkenntnis?" war schon das große Thema der Philosophie *Platons*; seine Ideenlehre sollte begründen, daß und wie der Gültigkeitsanspruch von Begriffen und Urteilen gerechtfertigt werden könnte. Wieweit immer ihr das gelungen sein mag: sie stellte doch fest, daß damit das Problem einer „Dialektik", d. h. einer *„Logik der Erkenntnis"* gegeben war. *Humes* Theorie der Erkenntnis verfährt *psychologisch*; sie untersucht, wie in uns der „Glaube" entsteht, Gegenstände und Vorgänge erkannt zu haben, die der „Außenwelt" angehören und Eindrücke in der Seele hervorbringen. Sie findet für diese Annahme nur *subjektive* Motive; aber diese können als solche keine Kriterien für die *objektive* Gültigkeit der Begriffe und Urteile hergeben, die sich auf die gedachte Wirklichkeit außerhalb des Bewußtseins beziehen sollen. Schon die Rede davon, daß neue Wahrnehmungen unsere Irrtümer korrigieren können, setzt solche Kriterien voraus. Von Fall zu Fall mag die Anwendung des Substanz- und Kausalbegriffs falsch sein; wenn wir aber die Außenwelt nicht chaotisch denken wollen, müssen wir darauf rechnen können, eine *Gesetzlichkeit* (Notwendigkeit) in ihr zu entdecken. *Hume* hilft sich schließlich mit der Annahme eines „natürlichen Instinkts" für das Richtige. Außerdem will er den Regeln der formalen Logik folgen, sich also nach solchen Kriterien richten, die keiner Bestätigung durch die sinnliche Erfahrung fähig, ja nicht einmal bedürftig sind. Mit dem logisch denkenden Verstand ist also eine „Kraft des Geistes" an der Bearbeitung des „Stoffes" der sinnlichen Erfahrung beteiligt, die nicht selber sinnlichen Ursprungs ist. Darum hatte bereits *Leibniz* (1646—1716) dem alten empiristischen Satz: „nihil est in intellectu, quod non prius fuerit in sensu", auf den sich *Locke* berief, entgegengehalten: „nisi intellectus ipse." („Es ist nichts im Verstande, was nicht vorher in der sinnlichen Erfahrung gewesen wäre — außer dem Verstand selbst.")

Mit Einwänden dieser Art wird nicht die Möglichkeit einer *Erkenntnispsychologie* bestritten, sondern nur, daß mit ihrer empirischen Methode das von *Hume* aufgeworfene Problem behandelt werden könnte. Begriffe wie „Substanz" und „Kausalität" leisteten doch offenbar mehr als *Hume* zugeben wollte, weil es Prinzipien der Verknüpfung von sinnlichen Daten und Vorstellungen waren, von denen die *Naturwissenschaft* erfolgreichen Gebrauch machte. Daß die rationale Verfahrensweise, aus ihnen allein — ohne Berücksichtigung der empirischen "matters of fact" (d. h. der sinnlichen Gegebenheiten) — eine *Metaphysik* abzuleiten, verfehlt sein mußte, war indessen um so einleuchtender, als deren Lehren miteinander im Widerspruch standen. So war einerseits der auf Erfahrung (Experiment und Messung) gestützte Geltungsanspruch der Naturwissenschaft nicht ernst genug genommen, andererseits die Metaphysik total verneint worden.

3. Immanuel *Kant* leitet die Vorrede zu seiner ›Kritik der reinen Vernunft‹ (1781) mit folgenden Sätzen ein: „Die menschliche Vernunft hat das besondere Schicksal in einer Gattung ihrer Erkenntnisse: daß sie durch Fragen belästigt wird, die sie nicht abweisen kann; denn sie sind ihr durch die Natur der Vernunft selbst aufgegeben, die sie aber auch nicht beantworten kann; denn sie übersteigen alles Vermögen der menschlichen Vernunft."

„In diese Verlegenheit gerät sie ohne ihre Schuld. Sie fängt von Grundsätzen an, deren Gebrauch im Laufe der Erfahrung unvermeidlich und zugleich durch diese hinreichend bewährt ist. Mit diesen steigt sie (wie es auch ihre Natur mit sich bringt), immer höher zu entfernteren Bedingungen. Da sie aber gewahr wird, daß auf diese Weise ihr Geschäft jederzeit unvollendet bleiben müsse, weil die Fragen niemals aufhören, so sieht sie sich genötigt, zu Grundsätzen ihre Zuflucht zu nehmen, die allen möglichen Erfahrungsgebrauch überschreiten und gleichwohl so unverdächtig scheinen, daß auch die gemeine Menschenvernunft damit im Einverständnisse steht. Dadurch aber stürzt sie sich in Dunkelheit und Widersprüche, aus welchen sie wohl abnehmen kann, daß irgendwo verborgene Irrtümer zum Grunde liegen müssen, die sie aber nicht entdecken kann, weil die Grundsätze, deren sie sich bedient, da sie über die Grenze aller Erfahrung hinausgehen, keinen Probierstein der Erfahrung mehr anerkennen. Der Kampfplatz dieser unendlichen Streitigkeiten heißt nun Metaphysik."

Vergegenwärtigt man sich Anlaß, Problemstellung und Durchführung des *Hume*schen ›Enquiry‹, so befindet sich *Kant* scheinbar in voller Übereinstimmung mit ihm. Auch *Hume* fordert doch, alle (rationalistischen) Grundsätze, die „den möglichen Erfahrungsgebrauch überschreiten", obgleich sie „unverdächtig" scheinen, überhaupt alles, was an „keinem Probierstein der Erfahrung" geprüft werden kann, als „Blendwerk und Täuschung" zu verwerfen. Zwar spricht er noch von einer „echten Metaphysik", versteht unter ihr aber die empirischpsychologische Erforschung der „Natur" des menschlichen Erkenntnisvermögens. Ihr Ergebnis sei, daß man auf alle Fragen der menschlichen Vernunft, die ihr Vermögen übersteigen, verzichten und sich mit einer Erfahrung begnügen müsse, deren „Geschäft jederzeit unvollendet bleibt". *Leibniz* hatte zugegeben, daß es im psychologischen Sinne keine fertigen „eingeborenen Ideen" gäbe, aber doch den „intellectus ipse", den „Verstand selbst" als den Inbegriff logischer Prinzipien des Denkens, ohne die eine Verarbeitung der Sinnesempfindungen, der „dunklen und verworrenen Perzeptionen", zu einer Erkenntnis, die mehr leistet, als was von bloßer Assoziation der „ideas" erwartet werden könne, nicht verständlich sei. Jedoch die metaphysische Erkenntnis, die sich bei ihm in der Monadenlehre präsentierte, genügte ihrerseits nicht dem Anspruch auf Unwidersprechlichkeit einer rationalen Ontologie.

Die *Metaphysik* war also in eine anscheinend ausweglose Verlegenheit geraten. „Es war eine Zeit" — so lesen wir weiter bei *Kant* —, „in welcher sie die Königin aller Wissenschaften genannt wurde, und wenn man den Willen für die Tat nimmt, so verdiente sie wegen der vorzüglichen Wichtigkeit ihres Gegenstandes allerdings diesen Ehrennamen. Jetzt bringt es der Modeton des Zeitalters so mit sich, ihr alle Verachtung zu beweisen." „Jetzt, nachdem alle Wege (wie man sich überredet), vergeblich versucht sind, herrscht Überdruß und gänzlicher *Indifferentism*, die Mutter des Chaos und der Nacht, in Wissenschaften, aber doch zugleich der Ursprung, wenigstens das Vorspiel einer nahen Umschaffung und Aufklärung derselben, wenn sie durch übel angebrachten Fleiß dunkel, verwirrt und unbrauchbar geworden." — „Es ist nämlich umsonst, *Gleichgültigkeit* in Ansehung solcher Nachforschungen erkünsteln zu wollen, deren Gegenstand der menschlichen Natur *nicht gleichgültig* sein kann. Auch fallen jene vorgeblichen *Indifferentisten*, . . . , wofern sie nur überall etwas denken, in metaphysische Behauptungen unvermeidlich zurück, gegen die sie doch so viel Verachtung vorgaben. Indessen ist diese Gleichgültigkeit, die sich mitten in dem Flor aller Wissenschaften eräugnet und gerade diejenige trifft, auf deren Kenntnisse, wenn dergleichen zu haben wären, man unter allen am wenigsten Verzicht tun würde, doch ein Phänomen, das Aufmerksamkeit und Nachsinnen verdient. Sie ist offenbar die Wirkung nicht des Leichtsinns, sondern der gereiften *Urteilskraft* des Zeitalters, welches sich nicht länger durch Scheinwissen hinhalten läßt, und eine Aufforderung an die Vernunft, das beschwerlichste aller ihrer

Geschäfte, nämlich das der Selbsterkenntnis, aufs neue zu übernehmen und einen Gerichtshof einzusetzen, der sie bei ihren gerechten Ansprüchen sichern, dagegen aber alle grundlosen Anmaßungen nicht durch Machtsprüche, sondern nach ihren ewigen und unwandelbaren Gesetzen abfertigen könne; und dieser ist kein anderer als die *Kritik der reinen Vernunft* selbst."

4. *Kants* Text wurde so ausführlich zitiert, weil er historisch folgenreiche Argumente vorbringt, die auch dann nicht in den Wind geschlagen werden dürfen, wenn sich heute die Überzeugung aufdrängt, das Vorhaben der Philosophie sei von Hause aus zum Scheitern verurteilt, so daß man nicht nur auf eine „Metaphysik, die als Wissenschaft wird auftreten können" (Titel von *Kants* ›Prolegomena . . .‹ 1783), sondern überhaupt auf eine Philosophie als wissenschaftliche Erkenntnis verzichten müsse. Wenn die Philosophie sich indessen zutrauen sollte, diese Überzeugung zu erschüttern, dann müßte sie die Gründe ihrer Infragestellung zum Anlaß jener von *Kant* geforderten Selbstkritik nehmen. Denn „mitten in dem Flor aller Wissenschaften" könnte ja diese bis zum „Indifferentismus" gehende Kritik an der Philosophie wieder „die Wirkung . . . der gereiften Urteilskraft des Zeitalters" sein, „welches sich nicht länger durch Scheinwissen hinhalten läßt". Wiederum dürfte es dennoch Probleme einer Erkenntnis geben, deren Auflösung „nicht gleichgültig" lassen könnte, weil sie „der menschlichen Natur nicht gleichgültig sein kann". Damit ist nicht gesagt, daß die Problemlösung — was auch immer „philosophisch" darunter zu verstehen sein mag — heute noch genauso ausfallen müßte wie in *Kants* „kritischer" Philosophie, da diese unter den Bedingungen ihrer geschichtlichen Lage zunächst nur die zulängliche *Methode* suchen mußte, um den „gerechten Ansprüchen" sowohl des Rationalismus wie des Empirismus in der Erkenntnistheorie Genüge zu tun, und zwar als Kritik der „reinen Vernunft". Darum formuliert *Kant* sein Vorhaben in den nächsten Sätzen wie folgt: „Ich verstehe hierunter nicht eine Kritik der Bücher und Systeme, sondern die des Vernunftvermögens überhaupt in Ansehung aller Erkenntnisse, zu denen sie *unabhängig von aller Erfahrung* streben mag; mithin der Entscheidung der Möglichkeit oder Unmöglichkeit einer Metaphysik überhaupt und die Bestimmung sowohl der Quellen als des Umfanges und der Grenzen derselben; alles aber aus Prinzipien." Die ›Kritik der reinen Vernunft‹ ist — wie *Kant* in der Vorrede zur 2. Auflage wiederholt — „ein *Traktat von der Methode*, nicht ein System der Wissenschaft selbst; aber sie verzeichnet gleich-

wohl den ganzen Umriß derselben, sowohl in Ansehung ihrer Grenzen als auch den ganzen inneren Gliederbau derselben".

Wie die Worte von der „Kritik des Vernunftvermögens überhaupt in Ansehung aller Erkenntnisse, zu denen sie *unabhängig von aller Erfahrung* streben mag", erkennen lassen, richtet sie sich zunächst gegen die rationalistische Metaphysik. In der imponierenden Gestalt der *Leibniz-Wolff*ischen Philosophie war sie auch der Boden gewesen, auf dem *Kant*s Philosophie sich noch bis zur ›Dissertation‹ von 1770 bewegt hatte. Nun „gesteht" *Kant* „frei", daß erst David *Hume* — „vielleicht der geistreichste unter allen Skeptikern" — seinen „dogmatischen Schlummer unterbrach" (›Prolegomena‹, Vorrede; vgl. ›Kritik der reinen Vernunft‹, B, 788 ff.). Dann aber wurde auch der Empirismus von *Kants* Kritik betroffen, indem er eine Unterscheidung macht, die zwar sehr gekünstelt anmutet, aber für den methodischen Ansatz seiner Kritik *„möglicher"*, d. h. *gültiger Erkenntnis* entscheidend ist. Wir lesen zu Beginn der Einleitung (›Kritik der reinen Vernunft‹): „Daß alle unsere Erkenntnis mit der Erfahrung a n f a n g e [!], daran ist gar kein Zweifel; denn wodurch sollte das Erkenntnisvermögen sonst zur Ausübung erweckt [!] werden, geschähe es nicht durch Gegenstände, die unsere Sinne rühren und teils von selbst Vorstellungen bewirken, teils unsere Verstandestätigkeit in Bewegung bringen, diese zu vergleichen, sie zu verknüpfen oder zu trennen, und so den rohen Stoff sinnlicher Eindrücke zu einer Erkenntnis der Gegenstände zu verarbeiten, die Erfahrung heißt? *Der Zeit nach* geht also keine Erkenntnis in uns vor der Erfahrung einher, und mit dieser fängt alle an." „Wenn aber gleich alle unsere Erkenntnis *mit* der Erfahrung anhebt, so entspringt [!] sie darum doch nicht eben alle *aus* der Erfahrung." — Was ist mit dieser Unterscheidung von „anfangen" und „entspringen" gemeint?

5. *Kant* hat in diesen Sätzen zwar zunächst die empiristische Theorie, *insofern* sie psychologisch die *„Entstehung"* der Erkenntnis erklären will, gutgeheißen, fährt aber fort: „... so *entspringt* [!] sie darum doch nicht eben alle *aus* der Erfahrung. Denn es könnte wohl sein, daß selbst unsere Erfahrungserkenntnis ein Zusammengesetztes aus dem sei, was wir durch Eindrücke empfangen, und dem, was unser eigenes Erkenntnisvermögen (durch sinnliche Eindrücke bloß veranlaßt), aus sich selbst hergibt, welchen Zusatz wir von jenem Grundstoffe nicht eher unterscheiden, als bis lange Übung uns darauf aufmerksam und zur Absonderung desselben geschickt gemacht hat."

Der Nachdruck liegt in diesem Satz auf dem Begriff *„Erkenntnis"*, die zwar ihren „Stoff" von den sinnlichen Eindrücken empfängt, aber nicht aus ihnen „entspringt", weil in ihr mehr liegt, als eine bloße Assoziation von Vorstellungen in uns. Es ist der zusätzliche *Anspruch*, mittels der Tätigkeit des die Vorstellungen verknüpfenden *Verstandes* einen Zusammenhang *„verstanden"* zu haben, der nicht nur zwischen den „Vorstellungen" als psychischen Inhalten besteht, sondern zwischen den Inhalten, die „vorgestellt" werden, also Gegenständen „außerhalb" der psychischen Vorgänge. *Hume* war mißtrauisch gegen die „vorstellende" Verstandestätigkeit gewesen, weil sie mit Begriffen wie „Substanz" und „Kausalität" operierte, die gewissermaßen fiktiv sind, insofern das, was mit ihnen gemeint ist, nicht sinnlich wahrgenommen werden kann. Der Argwohn gegen „eingeborene Ideen" hinderte ihn, dem Verstande eine selbständige Funktion des „Begreifens" zuzuschreiben; und doch verrät die Rede von einem „Instinkt für das Richtige", daß er den Anspruch von Vorstellungen, Begriffen und Urteilen auf *Gültigkeit* nicht übersehen hat. „Erkenntnis" bedeutet „Verständnis" von „objektiven" Sachverhalten. Da es nun, wie Kant nicht bezweifelt, eine „allgemeingültige" *Wissenschaft* gibt — die mathematische Naturwissenschaft der *Newton*schen Physik [17] —, so lautet die erkenntniskritische Frage nicht, *ob* Wissenschaft möglich ist, sondern *wie*, d. h., welche logischen Funktionen *„formal"* die Gültigkeit wissenschaftlicher Aussagen über eine objektive Wirklichkeit ermöglichen, die gemäß dem Ausweis der sinnlichen Wahrnehmung auch *„inhaltlich"* bestimmbar ist. In diesem, aber auch nur in diesem Sinne muß der Verstand bzw. die Vernunft im Besitze einer vorwegnehmenden „Erkenntnis" der formal-gesetzlichen Bedingungen von *„Gegenständlich-keit"* sein. *Kant* kann daher an anderer Stelle auch sagen, daß „die Vernunft nur das einsieht, was sie selbst nach ihrem Entwurfe hervorbringt" (Vorrede zur 2. Auflage, XIII). „Die Vernunft muß, mit ihren Prinzipien, nach denen allein übereinkommende Erscheinungen für Gesetze" — nämlich für Gesetze der objektiven Wirklichkeit — „gelten können, in einer Hand und mit dem Experiment, das sie nach jenen ausdachte, in der anderen, an die Natur gehen, zwar um von ihr belehrt zu werden, aber nicht in der Qualität eines Schülers, der sich alles vorsagen läßt, was der Lehrer will, sondern eines bestallten Richters, der die Zeugen nötigt, auf die Fragen zu antworten, die er ihnen

[17] Vgl. hierzu *Kant*, Kritik der reinen Vernunft, 2. Aufl. (B) 126—128.

vorlegt. Und so hat sogar die Physik die so vorteilhafte Revolution ihrer Denkart" — *Kant* meint den Beginn der exakten, experimentellen Forschung mit den Methoden *Galileis* — „lediglich dem Einfalle zu verdanken, demjenigen, was die Vernunft selbst in die Natur hineinlegt, gemäß, dasjenige in ihr zu suchen (nicht ihr anzudichten), was sie von dieser lernen muß und wovon sie für sich selbst nichts wissen würde. Hierdurch ist die Naturwissenschaft allerst in den sicheren Gang einer Wissenschaft gebracht worden." (B, XIV) [18]

6. Diese Sätze sind von *Kant* nach Abschluß der ›Kritik der reinen Vernunft‹ geschrieben worden. Sie sprechen deren positives Ergebnis in einer gedrängten Formulierung aus, die erkenntnistheoretisch das faktische Verfahren der naturwissenschaftlichen Forschung beschreibt, nämlich das Zusammenspiel von *Hypothesenbildung* und planmäßig veranstalteten *Experimenten.* Das Hauptanliegen der Vernunftkritik ist jedoch, in weitschichtigen und subtilen Analysen den Beweis für die *„Notwendigkeit"* dieser Verfahrensweise unserer Erkenntnis zu erbringen, sofern aus „Wahrnehmungsurteilen", mit denen „Erfahrung" nur „anhebt", *„Erfahrungsurteile"* werden sollen, welche ihre gegenständliche Gültigkeit der verstandesmäßigen *„Synthesis"* verdanken, also ihr „entspringen". Die Anerkennung der Notwendigkeit *beider* „Quellen" gibt mithin sowohl dem Rationalismus als auch dem Empirismus ein bedingtes Recht — dem Rationalismus, insofern er behauptet, es gäbe „eine von der Erfahrung und selbst von allen Eindrücken der Sinne unabhängige Erkenntnis a priori"; dem Empirismus, insofern er behauptet, daß ohne sinnliche Erfahrung — also ohne eine „Quelle a posteriori" (d. h. logisch nachgeordnete) — keine inhaltlich bestimmte Erkenntnis zustande kommt. Von einer *„reinen"* Erkenntnis a priori darf man nach *Kant* sprechen, wenn es nicht nur empirisch gültige „synthetische Urteile" gibt, d. h. Verknüpfungsurteile, die einen Begriff auf Grund von Erfahrung „erweitern" (im Unterschied zu bloß „analytisch-zergliedernden" Urteilen), sondern auch „synthetische Urteile a priori", welche die Synthesis „ohne jede Beimischung von Erfahrung" vollziehen. *Kant* sieht diese Bedingung in der *Mathematik* erfüllt, aber auch in „Grundsätzen" der *physikalischen Erkennt-*

[18] Das, was die Vernunft „in der Natur suchen" muß, sind nicht nur die Empfindungsdaten, sondern auch wie sie „schon von selbst" Regeln unterworfen sind, die in die „Form" der Verstandesgesetzlichkeit gebracht werden können. Vgl. Kr. r. V., Anfang des Kapitels Von der Synthesis der Reproduktion in der Einbildung, A 100—101 (A = 1. Aufl.).

nis, wie dem der „Beharrlichkeit der *Substanz* bei allem Wechsel der Erscheinungen", und dem der *Kausalität,* welcher lautet: „Alle Veränderungen geschehen nach dem Gesetze der Verknüpfung von Ursache und Wirkung" (Kr. d. r. V., B 232). Die Leitfrage der ›Kritik‹ lautet daher: *Wie sind synthetische Urteile a priori möglich?"* (Kr. d. r. V., B 19)

„Möglich" bedeutet die Berechtigung des Geltungsanspruchs; und das entscheidende Kapitel der „Kr. d. r. V." ist jenes, in welchem *Kant* den Nachweis führt, daß überhaupt nur solche „Grundsätze" die Erfahrungserkenntnis „konstituieren". Er nennt seine *Methode,* welche dieses entscheidende Problem der Erkenntniskritik zu lösen vermag, die „transzendental-kritische", da sie einerseits danach fragt, wie der *„Überstieg"* (das „Transzendieren") unserer Vorstellungen und Urteile *zu Gegenständen,* verständlich gemacht, legitimiert und gegen Skepsis gesichert werden kann; andererseits danach, ob die obersten Begriffe („Kategorien"), auf die wir die synthetische Funktion des Verstandes (z. B. Kausalität, Substanz u. a. m.) bringen, auch zu einer Erkenntnis taugen, welche *die Erfahrung* in die Dimension einer rein rationalen, „übersinnlichen" („transzendenten") Erkenntnis *übersteigt,* wie die rationalistische Metaphysik angenommen hatte. Zur Beantwortung dieser Frage führte der Nachweis *Kants,* daß die Kategorien und Grundsätze *nur* eine die sinnliche Erfahrung konstituierende Leistung ausüben, also keinen „transzendenten" (metaphysischen) Gebrauch gestatten. Nicht nur sind (sinnliche) „Anschauungen ohne Begriffe blind", sondern es sind auch „Begriffe ohne anschaulichen Inhalt leer" (Kr. d. r. V. S. 75). Sogar die sinnlichen Empfindungen bedürfen schon als solche zweier „apriorischen Anschauungsformen", nämlich des *Raumes* und der *Zeit,* um geordnet auftreten zu können; und es ist — wie das wichtigste „Hauptstück" über den „Schematismus der reinen Verstandesbegriffe" nachweist — besonders die Form der Zeit, auf welche die Anwendung der „Kategorien" verwiesen ist.[19] Darum kann das Resultat der transzendental-kritischen Untersuchung auch so formuliert werden, daß alle unsere gegenständliche Erkenntnis auf *„Erscheinungen" in Raum und Zeit* eingeschränkt ist, d. h. auf „Gegenstände", die den transzendental-logischen Bedingungen ihrer Erkenn-

[19] Vgl. hierzu Julius *Ebbinghaus*: Kantinterpretation und Kantkritik, 1924, jetzt in: Ges. Aufsätze, Vorträge und Reden, Wiss. Buchges., Darmstadt 1968.

barkeit durch unseren Verstand und die Formen unserer sinnlichen Anschauung (Raum und Zeit) unterworfen sind, weshalb uns ihr „An-sich-Sein“ verborgen bleibt. Eine „übersinnliche“ Erkenntnis, wie die rationalistische Metaphysik sie für sich in Anspruch nahm, ist uns versagt.

7. Im zweiten Teil der ›Kritik der reinen Vernunft‹ werden die Aussagen über die drei Hauptbegriffe der „metaphysica specialis“ (d. h. der rationalen Psychologie, Kosmologie und Theologie) — die Begriffe der *Seele* als unzerstörbarer Substanz, der *Welt* als einer begrifflich faßbaren Totalität, und *Gottes* als eines beweisbar existierenden „höchsten Wesens“ — einer vernichtenden Kritik unterzogen. Im Zusammenhang mit den transzendental-logischen Bedingungen möglicher Erkenntnis bleibt ihnen indessen die Funktion von *„regulativen Prinzipien“* des grundsätzlich unabschließbaren Erkenntnisprozesses im Hinblick auf eine letzte, gegenständlich nicht mehr faßbare Einheit desselben erhalten. Weil sie auf das „Unbedingte“ und „Unendliche“ hinausweisen, nennt *Kant* sie, ausdrücklich an *Platon* anknüpfend, im Unterschied zu den Verstandesbegriffen *„Ideen* der Vernunft“.

Da es nun die Vernunft ist, welche auf dem Wege der *Selbstkritik* zur Einsicht in ihre Leistung, ihren Umfang und ihre Grenzen gelangt ist, also einer selber „apriorischen Erkenntnis“ diese Einsicht verdankt, so kann die kritische *„Transzendentalphilosophie“* an die Stelle der „unmöglichen“ Metaphysik treten. Sie ist die Voraussetzung einer *verwandelten Metaphysik,* die einesteils mit den ›Anfangsgründen der Naturwissenschaft‹ zusammenfällt (Titel der Schrift von 1786), andernteils mit der „Metaphysik der Sitten“, die den reinen Vernunftforderungen an den handelnden Willen „entspringt“. Auch ihr muß freilich eine „Kritik der praktischen Vernunft“ vorausgeschickt werden. Es gesellt sich noch eine dritte „Kritik der Urteilskraft“ hinzu, die von der Gültigkeit unserer Urteile über das objektiv-formal „Zweckmäßige“ und das subjektiv-formal Zweckmäßige, das ästhetisch Wohlgefällige handelt. Weil auf diese Weise in *Kants* kritischer Philosophie alle großen *Themen der Metaphysik* als *„Probleme“*, „die die Vernunft nicht abweisen kann“, erhalten bleiben, darum hält er an der Bezeichnung „Metaphysik“ fest; aber, um die „kritische Metaphysik“ von der „dogmatischen“ sowie vom anti-metaphysischen Skeptizismus zu unterscheiden, spricht er einmal von seiner „Metaphysik der Metaphysik“. (Brief an Marcus *Herz,* 1781; Kants WW, Akademie-Ausgabe, Bd. 10, S. 252.)

8. Die Darstellung der Philosophie *Humes* und *Kants* durfte sich auf die *erkenntniskritische Problematik* beschränken und innerhalb ihrer auf die Frage nach der Möglichkeit oder Unmöglichkeit der *Metaphysik*. Die Entscheidung darüber sahen *Hume* und *Kant* trotz des großen Unterschiedes der Methode noch als Sache der *„Philosophie"* an. Ging es also nur um die Aufhebung eines falschen Verfahrens der bisherigen Metaphysik — bzw. „Ontologie", wie man seit *Goclenius* (1613) die „allgemeine Lehre vom Seienden" auch nannte?

Hume spricht von seiner Erkenntnistheorie doch als von der „echten Metaphysik", *Kant* von der „Transzendentalphilosophie" als „Metaphysik der Metaphysik". In beiden Fällen wird „Metaphysik" zum Titel einer Untersuchung, die nicht mehr direkt auf das Sein bzw. die „Substanz" alles Seienden gerichtet ist, sondern zuvor die Chancen solcher Erkenntnis prüfen soll, und zwar durch *Reflexion des Denkens auf sich selber* und sein „Vermögen". Der Umstand, daß Erkenntnis-Kritik damit in den Rang der „Ersten Philosophie" (des *Aristoteles*) aufgerückt, daß also die Frage nach der „Gewißheit der Erkenntnis" sich vor die Frage nach dem *„Sein"* des Zu-Erkennenden gedrängt hat, geht, wie wir sahen, in dieser neuzeitlichen Gestalt auf *Descartes* zurück. Das vernunftgemäß denkende „Ich" ist nun als *„Subjekt"* das „fundamentum inconcussum" (die unerschütterliche Grundlage), auf das allein eine sichere Erkenntnis aufgebaut werden kann. Im „Subjekt" suchen auch die Empiristen die Basis, auf der alle Erkenntnis beruht, nur daß bei ihnen an die Stelle der „eingeborenen Ideen" die „ideas" (Vorstellungen) treten, die sich aus den „Impressionen" bilden. *Kant* unterscheidet scharf zwischen diesem „empirischen" und dem *„transzendentalen" Subjekt.* „Transzendental-subjektiv" sind nach *Kant* die *logischen* Funktionen des Verstandes und der Vernunft. Versteht man diesen *„Subjektivismus"* der erkenntnistheoretischen Grundstellung richtig — also nicht als Begriff für die individuelle Voreingenommenheit und Meinung einzelner Denker —, dann ist er nicht ohne weiteres identisch mit einer „metaphysischen" Lehre, derzufolge alles Seiende als „Subjekt" im Sinne eines bewußten Wesens (wie bei *Leibniz*) gedacht wird. Er besteht nur in der Überzeugung, daß das Objekt, was immer es sei, zum *thematischen Gegenstand* der Erkenntnis nur werden kann, sofern es dazu in den Entwürfen des erkennenden Subjekts gemacht wird. Es ist damit nicht — auch nicht bei *Kant* — gemeint, daß die „Objekte" der Erkenntnis *nur* in unserer Vorstellung existieren; aber die Vor-stellungsart des menschlichen Verstandes, im

Verein mit der sinnlichen Anschauung in Raum und Zeit, bestimmt, *wie* sie uns „*erscheinen*“, anders gesagt, welchen „Aspekt“ sie uns darbieten.

9. Zwei Gründe waren es, die *Kant* bewogen, den Erscheinungscharakter der Erkenntnisobjekte, genauer: der Objekte der mathematischen Naturwissenschaft, zu betonen und als ein wichtiges „negatives“ Ergebnis der Vernunftkritik zu buchen. Die „*Antinomien*“ der Vernunft — nämlich daß sie z. B. mit gleich guten Gründen behaupten kann, die Welt sei unendlich in der Zeit und sie sei endlich — waren nur aufzuheben, wenn diese sich „*dialektisch*“ widersprechenden *Thesen* und *Antithesen* nicht die „*Dinge an sich*“ betrafen, sondern bedingt waren durch den „endlichen“, auf „*Erscheinungen*“ beschränkten menschlichen Verstand. Über dessen Begrenztheit denkt freilich die „Vernunft“ mit ihren Ideen auf das un-endlich Ganze hinaus, ohne es doch anders denken zu können als einen „imaginären Schnittpunkt“ („focus imaginarius“) der ins *Unendliche* ausgezogenen Linien, auf denen die Verstandeserkenntnis voranschreitet. Ein unendlicher, göttlicher, „urbildlicher Verstand“ (intellectus archetypus) vermöchte das Ganze in „intellektueller Anschauung“ wie mit *einem* Blick zu erfassen; aber diese „*intuitive*“ Erkenntnis ist dem Menschen versagt; sein Denken ist „*diskursiv*“, d. h., es muß mühsam und ohne Ende eine Mannigfaltigkeit von Einzelbestimmungen „durchlaufen“.

Der zweite Grund, aber nun für die „positive“ Bewertung des erkenntniskritischen Resultates, war die ebenfalls im Kapitel über die „Dialektik der reinen Vernunft“ eröffnete Möglichkeit, die Kausalnotwendigkeit auf die Erscheinungswelt einzuschränken und der Vernunft selber eine „Unabhängigkeit von allem Mechanismus der Natur“ zuzuschreiben, wenn sie nämlich nicht nur theoretisch die Forderung eines indefiniten Fortganges der Verstandeserkenntnis aufstellt, sondern auch an den *Willen* des Menschen eine „*unbedingte*“ *Forderung*, wie er zu handeln habe. Die Erfüllbarkeit eines solchen Vernunftgebotes — des „*moralischen Gesetzes*“ — setzt die *Freiheit* des menschlichen Willens voraus, die sich eben in dem jedem Menschen als Vernunftwesen bewußten Gesetz der „praktischen Vernunft“ bezeugt. So versteht es sich, daß *Kant* in der ›Kritik der reinen (theoretischen) Vernunft‹ sagen konnte: „sind Erscheinungen Dinge an sich, so ist Freiheit nicht zu retten“ (a. a. O. S. 564). Ihre „Rettung“ ist aber auch eine Forderung an die Philosophie, da sie den Menschen nicht an die mechanische Notwendigkeit der von ihm vorgestellten Natur ausliefern darf — wie es z. B. Thomas *Hobbes* in ›De corpore‹ und I. O. *de Lamettrie* (1709—1751) in seiner Schrift ›L'homme machine‹ (1748) getan hatten —; wenn sie ihm also nicht absprechen wollte, was er ebenso „unmittelbar mit dem Bewußtsein seiner Existenz verbindet", wie sein Wissen um den Ort, den er in der natürlichen Welt einnimmt —: eine unter dem Ruf zur *Verantwortung* handelnde und auf die gleiche Würde des Mitmenschen verwiesene *„Person"* zu sein.

Freilich drückt sich die *„Autonomie"* (Selbstgesetzgebung) der praktischen Vernunft im Menschen, weil er auch ein von den *„Neigungen"* seines Glücksverlangens bestimmbares „Sinnenwesen" ist, nur als ein verpflichtendes Gebot und *„kategorischer Imperativ"* aus; aber aus ihm spricht doch sein eigenes, wahres Wesen; und er *„soll"* diese seine *Freiheit* auch im Zweckzusammenhang des menschlichen Zusammenlebens wirklich und wirksam werden lassen. Das erheischt die Anerkennung der Personhaftigkeit („Persönlichkeit") eines jeden Menschen als eines allen anderen Zwecken des willentlichen Handelns übergeordneten, nicht nur bedingten, *„Zweckes an sich selbst"*. Daher lautet die dritte Formulierung des kategorischen Imperativs: „Handle so, daß du die Menschheit in deiner Person als in der jedes anderen niemals bloß als Mittel, sondern jederzeit zugleich als Zweck gebrauchst" (Grundlegung zur Metaphysik der Sitten, S. 429). „Denn der einzelne Mensch mag unheilig genug sein; aber die Menschheit in ihm muß uns heilig sein." Das Verbot, die Mitmenschen, die oft genug, z. B. mit Dienstleistungen, auch Mittel zu den Zwecken anderer Menschen sein müssen, niemals *„bloß* als Mittel zu gebrauchen" — also nur als „Sache", oder wie wir heute sagen, ihn zu „verdinglichen" —, hat maßgebende Konsequenzen für das ganze praktische Leben — für die Arbeitswelt wie für die Sozialordnung, die politische Verfassung, die sittliche Gemeinschaft und die Beurteilung der Formen des religiösen Glaubens.

Die „Würde" des Menschen ist begründet in der „praktischen" *Freiheit* des „guten Willens", der das einzige ist, was unbedingten Wert besitzt. Da der Mensch *auch* ein „der Glückseligkeit bedürftiges Wesen" ist, so sind seine „Neigungen" natürlich und nach *Kant* auch nicht an sich böse; sie werden es aber, wenn wir sie zur „obersten Maxime" unseres Handelns erheben und wenn sie sogar dann, falls wir *„pflichtgemäß"* (legal) handeln, die verborgene „Triebfeder" unseres Willens wären. „Moralisch" ist nur das Handeln *„aus Pflicht"*! Es ist die Bedingung der „Würdigkeit, glücklich zu sein". Angesichts versäumter oder verletzter Pflicht gilt keine Ausflucht, man hätte so handeln „müssen". Die Berufung auf den Zwang der Naturgesetzlichkeit gilt nicht als Entschuldigung, wenn unter obwaltenden Verhältnissen (der Gesundheit, des klaren Bewußtseins usw.) auch anders hätte gehandelt werden können, obwohl — aber dieses „obwohl" ist erkenntniskritisch seines metaphysischen Anspruchs beraubt — auch für die *Erkenntnis* unser selbst die Bedingungen der Möglichkeit *„gegenständlicher"* Erkenntnis überhaupt gelten, nämlich auf Erscheinungen beschränkt zu sein, so daß, wenn wir alle ursächlichen Faktoren kennten, auch das zukünftige Verhalten jedes Menschen „wie eine Sonnen- oder Mondfinsternis" vorausberechenbar wäre.

Die Prinzipien der praktischen Vernunft haben einen unbedingten Vorrang *(„Primat")* vor denen der theoretischen Vernunft! Die „Metaphysik" verwandelt sich damit von Grund aus; sie darf keine „theoretische Erkenntnis" des „Seienden an sich" (der „Dinge an sich") — auch nicht unseres Menschseins — mehr in Anspruch nehmen. Nicht nur die Gewißheit einer „spekulativen" Erkenntnis wird bestritten, sondern ihre Möglichkeit überhaupt. Die Kategorien der gegenständlichen Erkenntnis sind zwar notwendige Denkformen, aber ihr Gegenstand ist nur „Erscheinung". Unbedingte Gewißheit, nicht vom „Seienden", sondern vom „Gesollten", gibt uns nur das moralische Gesetz. Das An-sich-Seiende ist unerforschlich; aber das moralische Gesetz der personalen Freiheit erlaubt uns, das An-sich-sein unser selbst als „vernünftiger Wesen" in der praktischen Vernunft *bezeugt* zu sehen, nämlich als „Bürgern" einer „übersinnlichen", „zeitlosen" Welt moralischer Ordnung. Daß in ihr auch eine in der sinnlichen Welt unerfüllbare, aber *verdiente* Zuteilung der Glückseligkeit im *„höchsten Gut"* gewährleistet sei, ist ein *„Postulat"* der praktischen Vernunft und Inhalt des *notwendigen „Vernunftglaubens"*.

Der „Begriff einer Verstandeswelt" (im Platonischen Sinne der Ideenwelt und des „mundus intelligibilis" *Augustins*) „ist also nur ein Standpunkt, den die Vernunft sich genötigt sieht, außer den Erscheinungen zu nehmen, um sich selbst als praktisch zu denken" (Grundlegung zur Metaphysik der Sitten, S. 458). Alle vermeintliche Erkenntnis der „übersinnlichen Welt" ist bloße „Schwärmerei", wie die des „Geistersehers" Emanuel *Swedenborg* (1688—1772), dessen Buch über die ›Arcana coelestia‹ (1749—56) *Kant* den Geschmack an solchen „Träumen" endgültig verdorben hatte. Aus Gründen der Reinheit unserer moralischen Gesinnung wäre eine Erkenntnis der transzendenten Welt sogar verderblich; was immer wir *„hoffen"* mögen, steht unter dem Vorbehalt, daß wir es hoffen „dürfen". So ist auch in *Kants* Religionsphilosophie (Die Religion innerhalb der Grenzen der bloßen Vernunft, 1793) die Freiheit der Entscheidung für das „gute Prinzip" die Voraussetzung für den wahren Gottesglauben.

10. Aber auch die „theoretische Vernunft" ist *autonom,* insofern sie die Idee einer Natur „entwirft" und unter der Gesetzlichkeit a priori des Verstandes eine Gegenständlichkeit wissenschaftlicher Erkenntnis konstituiert. Schließlich erzeugt die „reflektierende Urteilskraft" im „freien Spiel" aller Gemütskräfte den das subjektive Gefühl bewegenden Anblick des *Schönen* und *Erhabenen* in Natur und Kunst. Sie vermittelt dadurch zwischen den beiden „Gebieten" des Erkennens und Handelns. *Kants* Transzendentalphilosophie ist eine auf das (wie er sagt) „architektonische" System der autonomen Vernunft in allen ihren Hervorbringungen ausgedehnte „Erkenntniskritik": die philosophische Einsicht in die Grenzen einer gegenständlichen Erkenntnis, in die Gesetzlichkeit des sittlichen Willens und des ästhetischen Gefühls.

Hier müssen wir nun im Rahmen unserer historischen Rückschau auf die Geschichte der Metaphysik fragen: ist die Transzendental-Philosophie *Kants* — die „Metaphysik der Metaphysik" — noch eine *„Ontologie"*? Es gibt darüber eine Kontroverse, da man zwar nicht bestreiten kann, daß *Kant* die alte, sei es griechische, sei es scholastische, sei es rationalistische Metaphysik zerstört hat, aber wenigstens noch Aussagen darüber macht, was „der Mensch *sei*". So hat er selber von den drei transzendental-kritischen Hauptfragen, „in denen sich alles Interesse meiner Vernunft vereinigt: Was kann ich wissen?, was soll ich tun?, und was darf ich hoffen?", erklärt, sie liefen hinaus auf die eine Frage: *„Was ist der Mensch?"* Welcher Art ist nun aber das „Sein" des Menschen? In der „möglichen" Erkenntnis weiß er sich als ein Ding in der Erscheinungswelt der Natur. In der transzendental-kritischen *Reflexion* begreift er sich als ein Vernunftwesen, das „erkennt", „handelt" und „hofft". Obgleich auch Kant noch von einem „übersinnlichen Substrat" unserer Persönlichkeit spricht, wird es bei ihm doch als metaphysisch „unbegreifliche" Substanz gedacht; denn die „Substanz"-Kategorie erlaubt keinen „transzendenten Gebrauch"; auch die „Kausalität der Freiheit" ist „unbegreiflich". „Alsdann würde die Vernunft alle ihre Grenze überschreiten, wenn sie es sich zu *erklären* unterfinge, *wie* reine Vernunft praktisch sein könne, welches völlig einerlei mit der Aufgabe sein würde, zu erklären, *wie Freiheit möglich* sei"

(Grundlegung zur Metaphysik der Sitten, 458). „Erklären" können wir nur die Vorgänge in der Sinnenwelt. Aber dann heißt es wieder: „Und so begreifen wir zwar nicht die praktische unbedingte Notwendigkeit des moralischen Imperativs, wir begreifen aber doch seine Unbegreiflichkeit, welches alles ist, was billigermaßen von einer Philosophie, die bis zur Grenze der menschlichen [!] Vernunft in Prinzipien strebt, gefordert werden kann" (a. a. O. 463). Die Philosophie als transzendentale Reflexion „begreift" den Vollzug von Tätigkeiten und die Begrenztheit derselben, sofern sie solche einer *„endlichen"*, d. h. mit ihrer erklärenden Erkenntnis auf „Erscheinungen" beschränkten Vernunft sind. Die Philosophie läßt den Menschen sich selbst in der Besinnung auf die *Freiheit* verstehen, genauer gesagt: als je persönliches Subjekt, dem es aufgegeben ist, an einem Prozeß (Fortschritt) der Verwirklichung des *Endzwecks* der autonomen Vernunft überhaupt mitzuwirken, sowohl in der auf eine unter Freiheitsgesetzen stehende moralische Gemeinschaft zielenden *Geschichte* des Menschengeschlechts[20] wie über die Grenzen seines je individuellen zeitlichen Daseins hinaus. (Hierin stimmt *Kant* mit *Leibniz* überein.) Aber die transzendental-kritische Reflexion und der Primat der praktisch-moralischen Vernunft bestimmen die von *Kant* mit der „Revolution der Denkungsart" bei *Kopernikus* verglichene (Kr. d. r. V., B, 16 ff.) Umwandlung der Metaphysik.

11. Abschließend muß noch einmal betont werden: Die Darstellung der Transzendentalphilosophie *Kants* und insbesondere seiner Erkenntniskritik der Naturwissenschaft war eine historische Interpretation, an der die philosophische Kontroverse zwischen dem Empirismus und Rationalismus des 18. Jahrhunderts demonstriert werden sollte. Sie darf also nicht als eine noch heute ausreichende Theorie der naturwissenschaftlichen Erkenntnis verstanden werden. Der Übergang von der klassischen Physik zur modernen hat mit Relativitätstheorie, Quantenmechanik, Wahrscheinlichkeitstheorie und Kernphysik sowie mit Logistik, Metageometrie und Kybernetik erkenntniskritische *Probleme* aufgerollt, die mit *Kants* mechanistischem Begriff der Naturgesetzlichkeit nicht mehr gelöst werden können. Aber das *Prinzip* der *„transzendental-kritischen Reflexion"* über das Verhältnis von „Empirie" und „Logik" ist unabhängig von dieser historischen Ausgangs-Situation.

[20] Vgl. Idee zu einer allgemeinen Geschichte in weltbürgerlicher Absicht, 1784; Das Ende aller Dinge, 1794; Zum ewigen Frieden, 1795.

An der Voraussetzung einer auf *Selbstreflexion der Vernunft* (bzw. des „Ich" oder „Geistes") beruhenden Metaphysik haben auch die Denker des *„Deutschen Idealismus"* — J. G. *Fichte* (1762—1814), F. W. J. *Schelling* (1775—1854) und G. W. F. *Hegel* (1770—1831) — festgehalten, wenngleich sie mit ihrem *„dialektischen" Verfahren* die vorwiegend analytisch-„formelle" Reflexion *Kants* zu überwinden suchten, weil diese sich der letzen *„absoluten"* Voraussetzungen ihrer eigenen Möglichkeit noch nicht bewußt geworden sei.[21] Die *„spekulative"* Metaphysik tritt daher wieder mit der festen Überzeugung von der Erkennbarkeit des „Ganzen" auf, und zwar mit Hilfe der auf die Tätigkeit der Vernunft gerichteten „intellektuellen Anschauung". *Kant* schloß den Ersten Teil der ›Kritik der praktischen Vernunft‹ (1788) mit dem Satz: „Also möchte es auch hier wohl damit seine Richtigkeit haben, was uns das Studium der Natur und des Menschen sonst hinreichend lehrt, daß die unerforschliche Weisheit, durch die wir existieren, nicht minder verehrungswürdig ist in dem, was sie uns versagte, als in dem, was sie uns zuteil werden ließ" (WW. Ausg. Cassirer, Bd. 5, S. 160). *Hegel* beendete die „Anrede an seine Hörer" bei der Eröffnung seiner Vorlesungen über das ›System der Philosophie‹ (1818) mit den Worten: „Der Mut zur Wahrheit, Glauben an die Macht des Geistes ist die erste Bedingung des philosophischen Studiums; der Mensch soll sich selbst ehren und sich des Höchsten würdig achten. Das verschlossene Wesen des Universums hat keine Kraft in sich, welche dem Muthe des Erkennens Widerstand leisten könnte, es muß sich vor ihm aufthun und seinen Reichthum und seine Tiefen ihm vor Augen legen und zum Genusse bringen" (WW. Jubil.-Ausg., ed. von Hermann Glockner, 1929,Bd. 8, S. 36).

Eine ausführliche Darstellung der Systeme *Fichtes, Schellings* und *Hegels* müssen wir uns versagen; nur soweit die *„dialektische Methode"* heute noch zur Diskussion steht, wird über sie später zu sprechen sein. Gegen Ende des 19. Jahrhunderts griff der *„Neukantianismus"* in mehreren Spielarten wieder auf *Kant* zurück; aber auch außerhalb seines Kreises ist der Einfluß *Kants* auf die Philosophie der nachhaltigste, den irgendein Denker der Neuzeit ausgeübt hat.[22]

[21] Vgl. Walter *Schulz*: Das Problem der absoluten Reflexion, 1963.

[22] Zur nachhegelschen Geschichte der Philosophie in Deutschland vgl. Karl *Löwith*: Von Hegel zu Nietzsche, 1941, 5. A. 1964.

C. Die Kritik an der Metaphysik bei Comte und Marx

1. Nur an wenigen Stellen unserer auf den *Begriff der Metaphysik* konzentrierten historischen Rückschau wurde bisher ein Seitenblick auf andere Disziplinen der Philosophie, auf die Geschichte der Wissenschaften, religiöse Bewegungen, wirtschaftliche, soziale und politische Verhältnisse und Umwälzungen geworfen. Die Darstellung war „abstrakt *ideengeschichtlich*", als handle es sich wirklich nur um eine innere *Problemgeschichte* des sie leitenden Begriffs. Es ist auch nicht ganz abwegig, das Geschick der Metaphysik und ihrer Auseinandersetzung mit kritischen und skeptischen Gegenpositionen so zu schildern, da es in der Tat immer *auch* ein streng immanentes Problem der Philosophie war. Aber hatten die genannten historischen Faktoren nicht doch einen bedeutenden Anteil am Aufbrechen der in der Metaphysik behandelten Probleme, ja auch daran, ob sie überhaupt für Aufgaben der Metaphysik gehalten wurden? Schon die wenigen Hinweise, die hier und da auf einen Zusammenhang mit Problemen der wissenschaftlichen Forschung, des religiösen und politisch-sozialen Lebens usw. gegeben wurden, und die in einer „konkreten" Darstellung der Philosophiegeschichte noch weit zahlreicher und ausführlicher hätten gewesen sein müssen, genügen, um daran zu erinnern, daß sich auch das metaphysische Denken nicht in einem „Elfenbeinturm" abgespielt hat. Die Denker selber saßen nicht nur in einer stillen Studierstube und konstruierten dort ihre Systeme. Die Lektüre biographischer Werke oder Berichte belehrt uns eines anderen. Sogar dann, wenn einzelne Philosophen, wie *Spinoza* und *Kant*, ein äußerlich zurückgezogenes Gelehrtenleben führten, waren sie doch lebhaft an den Vorgängen der großen Geschichte und der Zeitereignisse interessiert und griffen wenigstens mit ihren Schriften und ihrer Lehrtätigkeit in deren Ablauf ein. Nur verhältnismäßig wenige waren ausschließlich „Schulhäupter", „Doktoren" oder beamtete „Professoren".

Es war in der Neuzeit vor allem die *mathematische Naturwissenschaft*, die, wie wir sahen, „Epoche" in der Philosophie machte; sodann *Reformation*, *Gegenreformation* und rationale *„Aufklärung"* sowie die von ihr gedanklich vorbereitete *revolutionäre Bewegung*, die sich seitdem global ausgebreitet hat. Durch die Schriften von Adam *Smith* (1723—1790) und David *Ricardo* (1772—1823) war die *„politische Ökonomie"* zu einer Wissenschaft geworden, die auch die Philosophie vor neue Probleme stellte. Und wenn wir traditionell den Beginn der

Neuzeit noch in das Jahr der Entdeckung Amerikas (1492) verlegen, so ist das insofern berechtigt, als die geographische, völkerkundliche und historische *Horizonterweiterung* in der Tat zu einer Erschütterung des europa-zentrischen Welt- und Menschenbildes führte, die sich auch philosophisch auswirken mußte. Das alles waren *Erfahrungen*, die Anstoß gaben, auch über die Leistung und den Wert der sich vom Griechentum und Christentum herleitenden Philosophie, insbesondere der Metaphysik, anders zu denken als bisher. Zu den erkenntnistheoretischen Bedenken gesellten sich also neue: War die Philosophie nicht doch in viel höherem Maße, als bisher angenommen wurde, abhängig von der allgemeinen kultur- und geistesgeschichtlichen Entwicklung? War die Metaphysik etwa bedingt durch einen Stand der wissenschaftlichen Erkenntnis, auf dem allein sie noch für eine „notwendige" Aufgabe des Denkens gehalten werden konnte? War dieser vermutbare Tatbestand nicht sogar empirisch-historisch zu beweisen? Hatte nicht einerseits die Naturwissenschaft eine viel zuverlässigere Erkenntnis gezeitigt, als es eine metaphysische „Spekulation" vermochte? Und war nicht andererseits die Philosophie stets weithin vom „Zeitgeist", und das heißt: von der faktischen *geschichtlich-gesellschaftlichen Situation* geprägt gewesen, aus der, sei es in Form des Versuchs ihrer Rechtfertigung, sei es im Widerspruch zu ihr, die Probleme stammten, mit denen sie befaßt war? Wie versteht sich die „Philosophie", was ist die „Metaphysik"?

2. Wir müssen wieder eine Auswahl unter den Denkern treffen, die solche Fragen stellten und in einer noch bis heute wirksamen Argumentationsweise beantworteten: den Begründer der Soziologie und des sog. *Positivismus*, Auguste *Comte* (1798—1857), und Karl *Marx* (1818—1883). Auch ihre Gedanken wollen wir so knapp wie möglich zu referieren versuchen, also dem Leitgedanken entsprechend, nur insoweit sie sich auf das Wesen und den Wert der Philosophie beziehen.

Im Werk Auguste *Comtes* treffen wir zwar auf manche geschichtsphilosophische Gedanken, die an *Hegels* dialektischen Dreischritt von „Position, Negation und Synthese" epochaler Geistesgestalten erinnern könnten.[23] Aber die dabei in Betracht kommenden Analogien fallen

[23] Wir haben keinen Grund, an der Ehrlichkeit von *Comtes* Bemerkung in der Préface personnelle zum 6. Band der Cours de philosophie positive zu zweifeln, er habe es vermieden, *Vico, Kant, Herder* und *Hegel* zu lesen, um die Reinheit seines eigenen geschichtsphilosophischen Entwurfs nicht zu stören.

wenig ins Gewicht, wenn man auf die Tendenz seiner gegen alle Metaphysik gerichteten Geschichtsauffassung achtet. Die von ihm so genannte *„positive Philosophie"* (vgl. ›Cours de philosophie positive‹, 1830—42) erachtet nämlich die *Metaphysik* für eine *antiquierte* Form des menschlichen Weltverständnisses, eines im Grunde schon hinter uns liegenden „Stadiums" der menschlichen Geistesentwicklung, das von dem der „positiven Wissenschaft" abgelöst worden ist. Daß die Menschheit drei Stadien der Denk- und Gesellschaftsform durchlaufe, hatten schon *Turgot* (1727—1781), *Condorcet* (1743—1794) und *Saint-Simon* (1760—1825) behauptet; seitdem *Comte* dieser Vorstellung in seinem Werk eine eindrucksvoll ausgearbeitete systematische Form gegeben hat, ist sie geradezu ein „Grundartikel der Überzeugung der Gebildeten unseres Zeitalters" (Max *Scheler*, ›Die Wissensformen und die Gesellschaft‹, 1926, S. VII) geworden. — Das *„Dreistadiengesetz"* besagt, daß die Entwicklung des Menschen, individuell und allgemein, die Stufen einer „theologischen" (wir würden auch sagen können: „mythologischen"), einer metaphysischen (i. S. abstrakt-spekulativen) und einer positiv-wissenschaftlichen Mentalität durchläuft, deren letzte und endgültige zuerst in den neuzeitlichen Naturwissenschaften erreicht wurde, nunmehr aber auf allen Gebieten die anachronistischen Restbestände des theologischen und metaphysischen Denkens zu überwinden hat. So soll z. B. die Historiographie der menschlichen Gesellschaft in den Rang einer strengen Wissenschaft erhoben werden, indem sie nach naturwissenschaftlichem Vorbild die Geschichte als einen Zusammenhang kausaler Gesetzlichkeit erforscht. Sie müßte dabei um der wissenschaftlichen Objektivität willen alle „subjektiven" Werturteile vermeiden. Wenn *Comte* mit *Saint-Simon* die moderne Wissenschaft *„positiv"* nennt, so bedeutet das, kurz erläutert: sie basiert auf der Feststellung von „Tatsachen" unter Ausschluß aller bloßen „Einbildungen"; sie verzichtet auf alle müßige und unfruchtbare „Neugier" zugunsten „nützlicher", die individuelle und soziale Lage des Menschen verbessernder Erkenntnisse; sie strebt drittens nach „Gewißheit" bei Vermeidung aller unentscheidbaren Fragen und Zweifel und legt Wert auf „Genauigkeit" anstelle verschwommener Gedanken. „Positiv" sind alle diese Merkmale schließlich im Kontrast zu den „negativen" Folgen, die ihre Nichtbeachtung haben müßte, wie es unvermeidlich der Fall war, solange theologisches und metaphysisches Denken den vergeblichen Versuch machten, das Absolute zu erfassen, anstatt sich wie die empirische und spezialistische Wissenschaft mit Aussagen zu begnügen, die nur „relativ" zu bestimmten Gesichtspunkten der Beobachtung und Erfahrung sowie zum jeweils erreichten „Stand der Forschung" gemacht werden. Nach *Comte* ist es ein Vorzug der positiven Philosophie, daß sie mit ihrer Methode auch die genetisch-relative Wahrheit früherer Stufen der Erkenntnis begreifen und anerkennen kann.

3. Die positivistische Grundstellung *Comtes* hängt nun aufs engste mit jener zuversichtlichen Erwartung zusammen, die naturwissenschaftliche Forschung werde einen allgemeinen *Fortschritt* der menschlichen Zivilisation herbeiführen, mit jenem Fortschrittsglauben also, der bereits den Aufstieg der Naturwissenschaft beflügelte und eines der großen Motive der *Aufklärung* im 18. Jahrhundert war. Der Verlauf der Französischen Revolution schien jedoch gezeigt zu haben, daß der Fortschritt in Naturwissenschaft und Technik allein noch nicht einen Fortschritt im gesellschaftlichen Leben garantiert. Die Entwicklung der Gesellschaftsform hatte mit der Entwicklung zur industriellen Arbeits- und Wirtschaftsweise nicht Schritt gehalten; es fehlte, wie *Comte* folgerte, eine dem wissenschaftlichen Stadium entsprechende *Erkenntnis* der Gesetzlichkeit des sozialen Lebens nach dem Vorbild der Wissenschaften von der Natur, an einer *„Physik der Gesellschaft"* bzw. *„Soziologie"*. Erst sie könnte den Menschen in die Lage versetzen, auch die sozialen Bewegungen und Veränderungen zu erklären und damit so in den Griff zu bekommen, daß sie rational berechenbar und beherrschbar würden. Das in Wissenschaft und Technik herrschende Prinzip: « Savoir pour prévoir, prévoir pour prévenir, prévenir pour pouvoir », würde sich auch in der Theorie und Praxis der Gesellschaft bewähren können. Metaphysische Spekulation kann dann endgültig verabschiedet werden; die Aufgabe der Philosophie besteht nur noch in einer formalen Reflexion: im erkenntnistheoretischen Selbstverständnis der positiven Wissenschaften und in der Darstellung ihres enzyklopädischen Systems.

Der *spätere Positivismus* hat *Comtes* Programm unvergleichlich viel gründlicher und konsequenter durchgeführt und gegen Einwendungen von seiten anderer philosophischer Richtungen zu sichern gesucht. Auch er reduzierte die Philosophie auf *„Wissenschaftstheorie"*, zunehmend sogar in dem Sinne, daß sie eigentlich die Aufgabe der Fachwissenschaften selber sein müßte, da nur sie sich auf ihrem Gebiet genügend auskennten. Eine *„Erkenntnis-Kritik"*, die diesen Begriff des Wissens und seinen positivistischen Alleingültigkeitsanspruch untersucht, wird für überflüssig erklärt, weil Erfolg und Fortschritt der naturwissenschaftlichen Methode für sich sprechen. Der positivistischen Soziologie erscheint es deshalb folgerichtig zu sein, auch die Herkunft nichtwissenschaftlicher, d. h. subjektiver, z. T. in theologischer und metaphysischer Tradition wurzelnder Werturteile moralischer und anderer Art aus der Gesetzlichkeit des sozialen Lebens zu erklären. Was in dieser Hinsicht Problem einer philosophischen Ethik, Politik und Pädagogik gewesen war, wird damit Spezialthema der Soziologie bzw. der Sozialpsychologie; sie beerben die Philosophie.

Im Prinzip ist diese Tendenz schon bei *Comte* inauguriert; denn auch er erwartet, daß die Probleme der Gesellschaft und des geschichtlichen Fortschritts zur Sache einer den Methoden der Naturwissenschaft gleichgearteten wissenschaftlichen Forschung werden. Die positivistische Philosophie sieht ihre Aufgabe nur noch darin, über dieses Erfordernis des „dritten Stadiums" der geistigen Entwicklung des Menschen aufzuklären. Zu denken gibt nur, daß *Comte* selber kein volles Vertrauen in die intellektuelle Aufklärung setzte, sondern in seinen späteren Schriften „moralische Impulse" für notwendig hielt, die nur von einem „verehrenden Gefühl" ausgelöst werden könnten. Er proklamierte deshalb eine „Religion der Humanität", in der die Menschheit als „Grand Être" an die Stelle eines Gottes treten und einer Ethik zur Grundlage dienen sollte, die er mit dem uns heute so geläufigen Namen „Altruismus" bezeichnete, d. h. des « vivre pour l'autrui ». Die drei Grundsätze des phantastisch gestalteten Kultes der „Société positiviste" lauten: „die Liebe als Prinzip, die Ordnung als Grundlage, der Fortschritt als Ziel".

4. Was ist aber von einem emotionalen Appell religiöser Färbung im „positivistischen" Stadium zu erwarten? Ist er vergleichbar mit ethischen Forderungen, die sich auf eine „Notwendigkeit" der „allgemeinen" Vernunft berufen, wie der „kategorische Imperativ"? Auch nach *Kant* soll uns „die Menschheit in jeder Person" „heilig sein", aber nicht, weil sie das höchste Wesen ist. Da jedoch *Comte* nicht der einzige und schon gar nicht der bedeutendste Vertreter der mit der Aufklärung verbundenen *„Humanitätsreligion"* war, so schieben wir jetzt die Erörterung dieser Fragen noch auf, obgleich sie unverkennbar mit Problemen der verfemten Metaphysik zu tun haben. Im Sinne einer „Physik der Gesellschaft" hätte es gelegen, die *realen* Bedingungen der Erfüllbarkeit humanitärer Wünsche zu erforschen und sich umzusehen nach *empirisch* aufweisbaren Faktoren der positiven Eman-

zipation des Menschen in einer rational perfektionierten Sozialordnung. War nicht auch der Frühsozialismus mit seinen in dieser Hinsicht *„utopistischen"* Idealen daran gescheitert, daß er nur an den guten Willen der wirtschaftlichen und politischen Machthaber appellierte? [24]

Auf diese Problemsituation zielt der heute oft zitierte Satz von Karl *Marx* (1818—1883): „Die Philosophen haben die Welt nur verschieden interpretiert; es kömmt darauf an, sie zu verändern" (›Thesen über Feuerbach‹ 11; M(arx) E(ngels) W(erke) 3, 7). Der Sinn dieser programmatischen These bedarf einer Interpretation aus dem Zusammenhang der kritischen Frühschriften von Karl *Marx*, in denen er mit aller bisherigen Philosophie, insbesondere derjenigen des „Deutschen Idealismus", *Hegels* und des „linken" Flügels seiner Schule, Ludwig *Feuerbach* (1804—1872), Bruno *Bauer* (1809—1883) und Max *Stirner* (pseudonym für Caspar *Schmidt*, 1806—1856) abrechnet.[25]

Wir müssen dieser Interpretation aber eine kurzgefaßte Wiedergabe der Grundgedanken von *Hegels* spekulativem System voranschicken. — *Hegel* setzt voraus, daß die Vernunft ein systematisches Ganzes sei, dessen Teilbegriffe durch logische Prinzipien zusammengehalten werden. Das Denken des *Verstandes* kommt freilich nicht über das „Entweder-Oder" seiner Begriffsdefinitionen hinaus, da es mit ihnen die Begriffe „fixiert und isoliert". Die *Vernunft* erkennt dagegen, daß jeder Begriff gerade darum über sich hinausweist, und zwar auf den von ihm mit seiner Begrenztheit „negierten" Gegenbegriff, in welchem er seinerseits „negiert" wird. Beide *widersprechen* einander aber nur formal, weil sie als Gegensätze inhaltlich aufeinander bezogen bleiben. So

[24] Vgl. u. a. Ernst *Bloch*: Freiheit und Ordnung. Abriß der Sozialutopien (mit Quellentexten); rowohlts deutsche enzyklopädie, 1969.

[25] Unter diesen erst 1932 gedruckten Arbeiten sind die wichtigsten die Kritik der Hegelschen Staatsphilosophie (1841) und Die deutsche Ideologie (1845—46). — Es darf angenommen werden, daß das aus den polemischen Studien der 40er Jahre hervorgegangene politische Programm, das Manifest der kommunistischen Partei (1848) und das Hauptwerk aus späterer Zeit, Das Kapital. Kritik der politischen Ökonomie, (I, 1867, II, 1885 und III 1893; die letzten beiden Bände aus dem Nachlaß) allgemein bekannt sind. Dem Kapital ging schon 1859 die Veröffentlichung von Teilen des I. Bandes unter dem Titel Zur Kritik der politischen Ökonomie voraus. Das nicht im ›Kapital‹ wiederholte Vorwort enthält auch eine kurze Zusamenfassung des „allgemeinen Resultats", das, wie *Marx* vermerkt, seinem „weiteren Studium zum Leitfaden diente". Auch ihm entnehmen wir hier einige Zitate.

drängen sie auf einen höheren, „konkreteren" Begriff, der sie beide als notwendige „Momente" seines Inhalts umgreift — wie etwa der des „Werdens" die Momente des „Seins" und des „Nichts". (Wir erinnern uns der Problematik des *Parmenides.*) In der ›Logik‹ zeigt *Hegel,* wie das „spekulative" Denken der Vernunft nur dieser *Selbstbewegung der Begriffe* zu folgen braucht, um von jenen abstraktesten Begriffen ausgehend und von immer neuen, aus der Begrenztheit auch aller konkreteren Begriffe entspringenden Widersprüchen fortgetrieben, nach Durchlaufen aller Teilbegriffe des Vernunftganzen dieses selbst als vollendetes System zu durchschauen. Im konkretesten Begriff des seiner selbst bewußten „absoluten Geistes" der philosophischen Erkenntnis sind alle Widersprüche „vermittelt" und „aufgehoben". Der Denkvollzug ist *„dialektisch"*, weil er sich in der dreitaktigen Folge von Setzung (Thesis, Position), Entgegensetzung (Antithesis, Negation) und Negation der Negation in einer höheren Position (Synthesis) bewegt, in welche die Gegensätze „hinaufgehoben" und in der sie doch zugleich im Sinne der „Bewahrung" aufgehoben sind. Die in der „Logik" begriffene „Idee" tritt aus ihrer Zeitlosigkeit in ihr „Anderssein" als wirkliche „Natur" und diese in die „Geschichte" des *Geistes.* In ihm wird die logische Bewegung der Begriffe erst zu einer Denkbewegung im Bewußtsein. Die *„Substanz"* (der Sinngehalt) der Vernunft zielt mithin notwendig darauf hin, auch ihr eigenes, sich wissendes *„Subjekt"* zu werden. Dieser Prozeß vollzieht sich auf der dialektischen Stufe des Geistes als seine *Geschichte,* und zwar im Übergang vom „subjektiven" (individuellen) zum „objektiven" (sozialen) und „absoluten" Geist, der sich entwickelt in Kunst, Religion und Philosophie (vgl. oben S. 61). Die *Wirklichkeit* der Natur und der Geschichte ist darum nach *Hegel* allem widrigen Eindruck zum Trotz ein Geschehen der ewigen *Vernunft,* die auf der Stufe des Geistes ihre dialektischen *Ideen* im menschlichen *Bewußtsein* als *allgemeine* Bestimmungen der Freiheit seines Denkens und Handelns entfaltet.

Unsere Aufmerksamkeit soll nun in erster Linie denjenigen Gedanken gelten, welche uns mit den entscheidenden Einwänden bekannt machen, die *Marx* gegen *Hegels* spekulative Dialektik richtete. Obgleich er in *Hegels* Philosophie eine den realpolitischen Errungenschaften der Französischen Revolution ebenbürtige geistige Leistung sah, unterzog er sie *als Metaphysik* einer „radikalen", d. h. „auf die Wurzel gehenden" Kritik. Gerade die „idealistische", die wirkliche Geschichte als einen Prozeß der Selbstverwirklichung der Vernunft in den epochal herrschenden Ideen „interpretierende" Philosophie ist es, die seinen Widerspruch herausfordert. Sie mache, was eigentlich nur „Prädikat" sei, nämlich jene Ideen im Bewußtsein des Menschen, zum „Subjekt" der Geschichte, und die wirklichen Subjekte, die denkenden und handelnden Menschen, zum „Prädikat" — d. h., wie sich *Hegel* in seiner Geschichtsphilosophie selber einmal ausgedrückt hatte, zu nur jeweils beauftragten „Geschäftsträgern der Idee". Diese idealistische, alles im Doppelsinn des Wortes „auf den Kopf stellende" Grundauffassung will *Marx* „umstülpen" und auf den Boden der „materiellen" Wirklichkeit stellen. Die kürzeste Formulierung seiner Antithese lautet: „Es ist nicht das Bewußtsein der Menschen, das ihr Sein, sondern umgekehrt ihr gesellschaftliches Sein, das ihr Bewußtsein bestimmt" (Zur Kritik der politischen Ökonomie, MEW 13, S. 9).

Man könnte wohl in diesem Satz eine neue, „metaphysische" Behauptung sehen, die — etwa gegen den Empirismus gehalten — nur das eine Moment der „gesellschaftlichen" Bedingtheit der Entstehung aller Bewußtseinsinhalte aus der Erfahrung hinzufügte. Das wäre zunächst auch richtig, insofern *Marx* sich in der Tat auf die Empirie beruft; aber der Begriff des „gesellschaftlichen Seins" führt weit über den im Grunde individualpsychologischen Ansatz der Empiristen hinaus. Prinzipiell ist er, wenn man etwa an die oft bedachte Bedeutung der sprachlich-gedanklichen Kommunikation für die Eruierung „allgemeingültiger" Vorstellungen und Wertungen zurückdenkt, nicht neu; er ist es aber, insofern er in eine tiefere Schicht der gesellschaftlichen Existenz des Menschen vorstößt, die (nach Marx) nicht mehr „idealistisch" interpretiert werden kann.

5. Im Entwurf der ›Deutschen Ideologie‹ (MEW, 3, S. 21) lesen wir: „Man kann die Menschen durch das Bewußtsein, durch die Religion, durch was man sonst will, von den Tieren unterscheiden. Sie selbst fangen an, sich von den Tieren zu unterscheiden, sobald sie anfangen, ihre Lebensmittel *zu produzieren,* ein Schritt, der durch ihre körperliche Organisation bedingt ist. Indem die Menschen ihre Lebensmittel produzieren, produzieren sie indirekt ihr materielles Leben selbst" ... Was die Menschen also sind, „das hängt ab von den materiellen Bedingungen ihrer Produktion". Mit der Vermehrung der Bevölkerung „und ihrem Verkehr ... untereinander gehen die auf bestimmte Weise produzierenden Individuen diese bestimmten gesellschaftlichen und politischen Verhältnisse" ein (a. a. O. S. 25). „Die empirische Beobachtung muß in jedem einzelnen Fall den Zusammenhang der gesellschaft-

lichen und politischen Gliederung mit der Produktion empirisch und ohne alle Mystifikation und Spekulation aufweisen" (a. a. O. S. 25). „Die Menschen sind die Produzenten ihrer Vorstellungen, Ideen p. p., aber die wirklichen, wirkenden Menschen, wie sie bedingt sind durch eine bestimmte Entwicklung ihrer Produktivkräfte und des denselben entsprechenden Verkehrs ... Das Bewußtsein kann nie etwas anderes sein als das bewußte Sein" (a. a. O. S. 26), — „der — wirkliche oder illusorische — bewußte Ausdruck ihrer wirklichen Verhältnisse und Betätigung, ihrer Produktion, ihres Verkehrs, ihrer gesellschaftlichen und politischen Organisation". ... „Die entgegengesetzte Annahme ist nur dann möglich, wenn man außer dem Geist der wirklichen, materiell bedingten Individuen noch einen aparten Geist voraussetzt",[26] — wie anscheinend *Hegel* in seiner ›Philosophie des Geistes‹ den „objektiven" und „absoluten Geist". „Ganz im Gegensatz zur deutschen Philosophie, welche vom Himmel auf die Erde herabsteigt, wird hier von der Erde zum Himmel gestiegen", d. h. „es wird nicht ausgegangen von dem, was die Menschen sagen, sich einbilden, sich vorstellen, auch nicht von den gesagten, gedachten, eingebildeten, vorgestellten Menschen, um davon aus und bei den leibhaftigen Menschen anzukommen; es wird von den wirklich tätigen Menschen ausgegangen und aus ihrem wirklichen Lebensprozeß auch die Entwicklung der ideologischen Reflexe und Echos dieses Lebensprozesses dargestellt." ... „Die Moral, Religion, Metaphysik und sonstige Ideologie und ihnen entsprechenden Bewußtseinsformen behalten hiermit nicht länger den Schein der Selbständigkeit" (a. a. O. S. 26/27). Sie sind insgesamt der *„ideologische Überbau"* auf der *„materiell-ökonomischen Basis"*. „Wenn in der ganzen Ideologie die Menschen und ihre Verhältnisse wie in einer camera obscura auf den Kopf gestellt scheinen, so geht dies Phänomen ebensosehr aus ihrem historischen Lebensprozeß hervor, wie die Umdrehung der Gegenstände auf der Netzhaut aus ihrem unmittelbar physischen" (ebda).

Es könnte nach diesen Sätzen so scheinen, *Marx* meine, der ideologische „Reflex", das „Echo", die „Spiegelung", kurz das Bewußtsein stelle *als solches* die gespiegelte Wirklichkeit „auf den Kopf". Dann wäre aber unbegreiflich, wie es überhaupt im Bewußtsein zur Erkenntnis der Verkehrtheit kommen könnte. *Marx* muß, wie wir lasen, einen „wirklichen" und einen „illusorischen" Ausdruck der wirklichen Ver-

[26] Von *Marx* im Manuskript gestrichen, aber charakteristisch für seinen Nominalismus; vgl. a. a. O., S. 27.

hältnisse im Bewußtsein unterscheiden, sofern erst die empirische Beobachtung die „richtige“ Ansicht verschafft. Beide „ideologischen Reflexe“ müssen jedoch ihre Basis in den ökonomisch-sozialen Verhältnissen haben; mithin der „illusionäre“, „mystifizierende“ und „spekulative“ (metaphysische) in *schon verkehrten sozialen Verhältnissen*. Das sind nach *Marx* solche, die im *„Widerspruch“* zu den faktisch verfügbaren materiellen „Produktivkräften und den Produktionsformen stehen“ — nämlich dann, wenn, dem wesentlich „gesellschaftlichen“ Charakter aller Produktion zuwider, eine *Arbeitsteilung* eingetreten ist, in der eine „Klasse“ von Menschen anderen gegenüber durch Besitz (Privateigentum an Produktionsmitteln) und Macht (Herrschaftsbefugnis) *privilegiert* ist und die Arbeitskraft der anderen als Mittel zum Zweck der Aufrechterhaltung der Herrschaft von Menschen über Menschen *ausbeuten* kann. Nicht nur durch den permanenten, offenen oder latenten Klassenkampf, sondern auch schon durch die institutionalisierte Arbeitsteilung wird der Mensch als „gesellschaftlich arbeitendes Lebewesen“ und als je individuell allseitig begabte humane Person sich selber „entfremdet“. Das Höchstmaß solcher „Selbstentfremdung“ ist in der kapitalistischen Gesellschaftsordnung erreicht, in welcher der proletarisierte Arbeiter in die totale Abhängigkeit seiner Existenz vom Arbeitgeber geraten ist und seine Arbeitskraft bis zur Grenze des zu seiner physischen Reproduktion notwendigen Existenzminimums an Lohn vom Kapitalisten ausgebeutet wird.

6. Diese entmenschlichende Verdinglichung des Proletariats zum „Lohnsklaven“ schlägt aber nach *Marx* auf die Angehörigen der „herrschenden Klasse“, der Bourgeoisie, zurück. Denn, um den Fortbestand der für sie vorteilhaften Verhältnisse zu sichern, muß sie nicht nur Macht-Mittel einsetzen, sondern auch „Vorstellungen“, *„Ideologien“* entwickeln, die unbewußt ihrem *Klassen-Interesse* entsprechen. Sie wird z. T. ungewollt diesem ideologischen Überbau — Recht und Staat, Moral und Kunst, Welt- und Menschenbild — das Ansehen legitimierter Allgemeingültigkeit geben, um sich selber ein gutes Gewissen zu verschaffen, — den Unterdrückten aber Trost und Kraft zur geduldigen Fügung ins „Unabänderliche“. Schon unter den „bornierten“ (beschränkten) Verhältnissen der Frühzeit, als der Mensch noch nichts von seiner zukünftigen Macht über die Natur ahnen konnte, unterstützte die *Religion* den Glauben, sich mit der Mühsal und Plage des irdischen Daseins und den von den Göttern verfügten „ewigen Ordnungen“ der Gesellschaft abfinden zu müssen. Der Mensch pro-

jizierte, wie der Junghegelianer Ludwig *Feuerbach* (1804—1872) in seinen frühen Schriften[27] gesagt hatte, die Verwirklichung seines eigenen Wesens in ein Jenseits, in „das außerweltliche, übernatürliche und übermenschliche Wesen Gottes" (Wesen d. Christentums, I, 19). Ihm wird alles zugeschrieben, was in Wahrheit das Ziel der Selbstverwirklichung des Menschen ist. „Die freie Luft des Herzens, dieses ausgesprochene Geheimnis, dieser entäußerte Seelenschmerz ist Gott. Gott ist eine Träne der Liebe, in tiefster Verborgenheit vergossen über das menschliche Elend" (a. a. O. I, 13).

Marx übernahm zunächst *Feuerbachs* Kritik der Religion. In der Einleitung des Manuskriptes ›Zur Kritik der Hegelschen Rechtsphilosophie‹ spricht er von der Religion als der „phantastischen Verwirklichung" des Menschen, dem „Seufzer der bedrängten Kreatur", dem „Opium des Volks"[28] und der „Heiligengestalt der menschlichen Selbstentfremdung". *Marx* wirft aber *Feuerbach* vor, noch „idealistisch" gedacht zu haben; die Wurzel der religiösen Selbstentfremdung und „Selbstentäußerung" sei nicht in einer noch unvollkommenen (philosophischen) Selbsterkenntnis zu suchen, sondern in der faktischen, gesellschaftlichen Selbstentfremdung des Menschen und seiner Selbstentäußerung an das Produkt seiner Produktion (im „Fetisch"-Charakter des Eigentums, des Geldes, der Ware usw.). „Es ist zunächst die *Aufgabe der Philosophie*, ... nachdem die *Heiligengestalt* der menschlichen Selbstentfremdung entlarvt ist, die Selbstentfremdung in ihren *unheiligen Gestalten* zu entlarven. Die Kritik des Himmels verwandelt sich damit in die Kritik der Erde, die *Kritik der Religion* in die *Kritik des Rechts*, die *Kritik der Theologie* in die *Kritik der Politik*" (MEW 1, S. 379).[29]

[27] Kritik der Hegelschen Philosophie 1839; ›Das Wesen des Christentums‹, 1841.

[28] Von dem „Opium" der religiösen Vorstellung einer „Metempsychose" (Seelenwanderung) hatte bereits *Herder* in seinem Aufsatz Palingenesie gesprochen: Zerstreute Blätter, 5. Sammlung. Herders Werke, hrsg. von Suphan, Band XVI, S. 348 ff. — *Marx* wird den Ausdruck von Heinrich *Heine* übernommen haben. Vgl. H. *Heine,* Zur Geschichte der Religion und Philosophie in Deutschland, 1833/34, hrsg. von Wolfg. Harich, Frankfurt a. M. 1966, S. 231. — Vgl. auch *Kant,* Die Religion innerhalb ..., Akad. A., VI, 78.

[29] Vgl. Günther *Rohrmoser*: Die Religionskritik von Karl Marx im Blickpunkt der Hegelschen Religionsphilosophie, in: Neue Ztschr. für system. Theologie, II, 1, 1960.

7. Aber die Philosophie ist nur dann zu dieser enthüllenden Kritik fähig, wenn sie über sich als bloße „Interpretation“ der Welt hinausschreitet, zumal sie mit ihrem religiös-idealistischen Vorurteil selber nur ein „illusionärer Widerschein“ der widerspruchsvollen gesellschaftlichen Verhältnisse, also ebenfalls eine „unheilige Gestalt“ der Selbstentfremdung ist. Sie hat als solche höchstens ein Interesse an partieller Verbesserung, aber nicht am Umsturz der bestehenden Verhältnisse überhaupt. Nur das verelendete Proletariat hat ein objektives Klasseninteresse an der sozialen und politischen „Veränderung der Welt“, das nunmehr mit dem allgemeinen humanen Interesse an der *Emanzipation* des Menschen, d. h. an seiner Selbstverwirklichung in einer „klassenlosen“, „kommunistischen“ Gesellschaft zusammenfällt. Es ist Sache der Philosophie, diese Erkenntnis auszusprechen. Darum sagt *Marx*: „Der Kopf dieser Emanzipation ist die Philosophie, ihr Herz das Proletariat“ (MEW, 1, 391).

Hegel hatte in der Vorrede zur „Philosophie des Rechts“ (1821) geschrieben, die Philosophie sei „ihre Zeit, in Gedanken gefaßt“; es sei „töricht, zu wähnen, irgend eine Philosophie gehe über ihre gegenwärtige Welt hinaus“; versuche sie das, „baue sie eine Welt, wie sie sein soll, so existiert sie wohl, aber nur in seinem“ (sc. des Philosophen) „Meinen, einem weichen Elemente, dem sich alles Beliebige einbilden läßt“. Dieser Auffassung widerspricht *Marx*, weil es eine *Notwendigkeit* sei, *die Welt zu verändern* und es dazu einer philosophischen Einsicht in ihre *Veränderbarkei*t bedürfe. Er richtet das *„dialektische“* Prinzip polemisch gegen *Hegels „These“* mit der *„Antithese“* des *„historischen Materialismus“*, der zunächst als bloße Negation der idealistischen Position erscheint. Da diese aber nach *Marx* — wie bereits erwähnt — bei *Hegel* schon ein wesentliches Moment der Wahrheit über die gegenwärtige Situation enthält,[30] so ist die *revolutionäre Praxis* die dialektische *„Synthese“*; d. h. im Sinne des dialektischen Prozesses der „Aufhebung“: sie *„negiert“* These und Antithese in ihrer Einseitigkeit (als „idealistische“ Spekulation und als nur „theoretische“ Kritik), *hebt* sie auf die höhere Ebene der konkreten Praxis *empor* und bewahrt sie *in* ihr *auf* —. Die Philosophie selbst

[30] Man lese, um diese Ansicht zu verstehen, z. B. die §§ 182—187, 238, 243—248 der Rechtsphilosophie; zu *Hegels* politischer Philosophie vgl. Joachim *Ritter*: Hegel und die Französische Revolution, jetzt im Sammelband Metaphysik und Politik, Frankfurt 1969.

muß *„verwirklicht“* werden als „Veränderung“ der Gesellschaft; darum heißt es bei *Marx*: „Die Philosophie kann sich nicht verwirklichen ohne die Aufhebung des Proletariats, das Proletariat kann sich nicht aufheben ohne die Verwirklichung der Philosophie“ (MEW, 1, 391). Die Philosophie „erfaßt ihre Zeit“ nur dann zulänglich „in Gedanken“, wenn sie beweist, daß die Welt, wie sie „sein soll“, identisch ist mit der notwendigen Entwicklung des *dialektischen Prozesses der menschlichen Geschichte* selber, der auf dem Kulminationspunkt der kapitalistischen Produktionsverhältnisse das Umschlagen in den Kommunismus ermöglicht — den „Sprung aus dem Reich der Notwendigkeit“ menschlicher Selbstentfremdung „in das Reich der Freiheit“, in welchem der Mensch endlich zum Herrn seiner Geschichte wird. Denn, wenn er ihre Gesetzlichkeit einmal erkannt hat, dann kann er über sein gesellschaftliches Dasein ebenso verfügen, wie es die Erkenntnis der Naturgesetzlichkeit — die sich Hand in Hand mit der ideologischen Veränderung seines Bewußtseins entwickelt — ihm ermöglicht, die Natur technisch zu beherrschen. Der dialektische Materialismus ist darum keine negative „Ideologie“, kein „falsches Bewußtsein“ mehr, sondern das „wahre Bewußtsein“ des Menschen von sich selber, heraufgeführt durch das die Menschlichkeit empörende Leiden des Proletariats an der in ihm verwirklichten, äußersten Selbstentfremdung des Menschen. Darum ist dieses zwar schon „an sich“ das weltgeschichtliche „Subjekt“ der revolutionären Aktion, aber „an *und für* sich“ erst, wenn ihm die Philosophie das Bewußtsein seines Auftrages vermittelt.

Noch geht — wie das ›Kommunistische Manifest‹ beginnt — der Kommunismus wie ein „Gespenst“ in Europa um; daß er ein Gespenst sei, ist jedoch ein „Märchen“. Denn „der Kommunismus, die positive Aufhebung des Privateigentums als menschliche Selbstentfremdung und darum als wirkliche Aneignung des menschlichen Wesens durch und für den Menschen, . . . ist das aufgelöste Rätsel der Geschichte und weiß sich als diese Lösung“. So versteht sich die Geschichts- und Sozialphilosophie von Karl *Marx* als Anbruch der „wahren Geschichte“ menschlicher Freiheit und Selbstverwirklichung, die von der bisherigen „Vorgeschichte“ des permanenten Klassenkampfes dialektisch-notwendig hervorgetrieben wird. Die materialistische Theorie ist die „begriffene Erfahrung“, welche das bisherige Widerfahrnis einer unbegriffenen, darum in illusionäre Ideologien ausweichenden, geschichtlichen Existenz des Menschen, dem die materiell-ökonomisch bedingte Gesetzlichkeit unwissentlich und „ohne seinen Willen" aufgezwungen wurde, aufhebt in einer (nun wieder der *Hegel*schen „Philosophie des Geistes" vergleichbaren) zu sich selbst gekommenen Bewußtheit.[31] Es war daher konsequent, wenn der *„Marxismus-Leninismus"* seine Ideologie als *Reflexionsform* der ökonomisch-politischen *Praxis* verstand — gewissermaßen als strategische Planung innerhalb der revolutionären Aktion selber. Daraus folgte, daß jedes andere Selbstverständnis von Philosophie als „re-aktionär" verworfen wurde.

8. Nur um die Herausarbeitung dieses Sinns der *Infragestellung der Philosophie* bei Karl *Marx* und nicht um eine vollständige Analyse seiner Theorie war es hier zu tun. Der nur sozialpolitisch verständliche Vorwurf, die Philosophen hätten bisher nicht „die Welt verändert", wird von *Marx begründet,* indem er zugleich ihre *Unfähigkeit* dazu *erklärt*; erst die totale Verelendung des Proletariats konnte an den Tag bringen, wo die objektiv-*„realen"* [!] Bedingungen einer *emanzipatorischen Veränderung* zu suchen seien. Mißlänge jedoch die nunmehr dem bewußten Wollen und Handeln überantwortete revolutionäre Praxis, dann, so folgerte *Marx*, fiele der Mensch „in die Barbarei" zurück. *Marx* versprach sich nichts von einem moralischen Appell an die kapitalistische Bourgeoisie oder von einer mystifizierenden „Humanitätsreligion", wie er sie auch bei Ludwig *Feuerbach* in der Verwandlung von Theologie in „Anthropologie" (Lehre vom Menschen) vor sich hatte. An die Stelle „utopistischer" Entwürfe und unzulänglicher, nur gut gemeinter Experimente setzte er seinen *„wissenschaftlichen Sozialismus"*, dessen Erkenntnis dem Bewußtsein des Menschen erst die *Identität* mit seinem gesellschaftlichen Sein zurückzugeben vermag. Da dies prinzipiell auch das Ziel der „idealistischen Philosophie" und aller „humanistisch-humanitären" Bestrebungen gewesen war, so verstand sich *Marx* als ihren Erben und Sachwalter. Sein *„Materialismus"* wird in der Tat mißdeutet, wenn man ihn als Wertsystem versteht, in welchem die sinnlich-materiellen Güter als die höchsten proklamiert werden. *Marx* bestreitet nicht einmal, daß die von ihm so genannten „ideologischen Überbauten" des Bewußtseins mitbestimmende Macht über die „materielle Basis" haben, weil — abgesehen von denen, die, wie Staat, Religion und Metaphysik, nur Ausdruck der Selbstentfremdung sind — das Bewußtsein des Menschen

[31] Über das Verhältnis von Philosophie und positiver Wissenschaft äußert sich *Marx* MEW, 3, 27 ff.

sich überhaupt nur in der Erkenntnis, der zwecksetzenden Tätigkeit, der rechtlich-moralischen Selbstkontrolle, der Sprache und des künstlerischen Schaffens artikulieren kann.[32]

9. Wir können den historischen Rückblick hiermit abschließen, weil wir von den wichtigsten, oft wiederholten, aber mit immer fundierteren Argumenten auftretenden Angriffen nicht nur auf diese oder jene Metaphysik, sondern auf die Metaphysik überhaupt Kenntnis genommen haben. Die ältesten stammten aus dem Lager der Skeptiker oder Empiristen, welche dem Denken die Möglichkeit bestritten, ohne Kontrolle an der Erfahrung aus der Vernunft allein zu einer Erkenntnis dessen zu gelangen, was das Seiende „im Grunde" ist. Gegenüber einer radikalen Skepsis, die wegen der menschlichen Angewiesenheit auf die trügerische Sinneswahrnehmung eine zuverlässige Erkenntnis überhaupt in Zweifel zieht, bewies — nach recht bedeutenden Ansätzen in der Antike — zu Beginn der Neuzeit die *Naturwissenschaft*, daß eine auf „sicherem Gang" *(Kant)* fortschreitende Erkenntnis möglich

[32] Da auch dieses Kapitel über *Marx* nur die Motive einer heute noch aktuellen „antimetaphysischen" Position nachzeichnen sollte, so muß hier die Frage nach den politischen Ursachen und den ideologischen Gründen der intoleranten Dogmatisierung des Marxismus(-Leninismus) unerörtert bleiben. Philosophisch wichtiger ist die Frage nach den Konsequenzen der „radikalen Umstülpung" der Hegelschen Dialektik. Ihre Relevanz zeigt sich u. a. darin, daß die meisten Neomarxisten den Frühschriften von K. *Marx* eine größere Beachtung geschenkt haben und zu subtileren Analysen des Verhältnisses von „Basis" und „Überbau", Praxis und Theorie veranlaßt wurden. — K. *Marx* selber versicherte: « Quant à moi — je ne suis pas Marxiste. » — Ernst *Bloch* schreibt in seinem Buch: Subjekt — Objekt. Erläuterungen zu Hegel (jetzt in der Gesamtausgabe, Suhrkamp-V., Bd. 8): „Dialektischer Materialismus ist keiner, wenn er nicht philosophisch ist, das heißt, einschreitend in große offene Horizonte." — Was den christlichen Denker *Hegel* mit dem atheistischen Denker *Marx* sowohl verbindet wie trennt, ist die Problematik der Einheit „ideeller" und „realer" Voraussetzungen des Geschichtsverständnisses. Wie könnte auch ohne diese Dialektik der Marxismus eine säkulare Heilserwartung (Hoffnung) rechtfertigen, könnte sich nicht das *erkennende Bewußtsein* auf die wirkliche Geschichte als deren realen Ermöglichungsgrund berufen? Schon in *Kants* Geschichtsphilosophie ist der „Antagonismus" (Widerstreit) der „Natur" in der Gesellschaft — die „ungesellige Geselligkeit" des Menschen — „die Ursache einer gesetzmäßigen Ordnung", welche zur Auflösung des Problems „einer allgemein das Recht verwaltenden bürgerlichen Gesellschaft" ... „zwingt".

sei. Der Eindruck, den diese Wissenschaft machte, war so groß, daß man sich ihre *Methode* nicht nur zum formalen Vorbild nahm, sondern sie oft auch als allein verläßliche auf alle Gebiete wissenschaftlicher Forschung übertragen wollte und heute übertragen hat, — jedenfalls soweit es sich um Wissenschaften von einer gegebenen Wirklichkeit handelt, nicht um solche, die *normativ* gesetztes Recht (wie Teile der Jurisprudenz) zu lehren und auszulegen haben, oder wie die „systematische Theologie" die Offenbarungswahrheiten.

Auf dem Boden der *exakten Wissenschaften* ist die Ablehnung jeder ihn verlassenden, ins „Übersinnliche" und „Übernatürliche" transzendierenden *Metaphysik* durchaus verständlich. Als „Erkenntnis" hatte auch *Kant* sie für nichtig erklärt; nach *Comte* ist sie antiquiert, nach *Marx* eine illusionäre Ideologie. Muß aber denn „Metaphysik" so verstanden werden? Ist mit ihrem Begriff notwendig die Erkenntnis einer „transzendenten" Welt verbunden?

Die deutschen Idealisten nach *Kant* entwickelten eine durch transzendental-kritische Reflexion und Dialektik *vermittelte Metaphysik* des „Bewußtseins" (bzw. Geistes). Es durfte gefragt werden, ob die Aussagen dieser neuen Metaphysik im Einklang mit den gesicherten Ergebnissen der Erfahrungswissenschaften stünden. Taten sie es nicht, dann schien diese Metaphysik Schiffbruch erlitten zu haben; das ausgehende 19. Jahrhundert war davon überzeugt. Da nun aber *Kants* Kritik gezeigt hatte, daß die Erkenntnis und die Tragweite der Erfahrungswissenschaften selber einer Prüfung unterzogen werden konnten, die mindestens ihre „metaphysische" Voraussetzungslosigkeit in Zweifel ziehen mußte, so verschwand das *Problem* einer *kritischen Ontologie* keineswegs. Denn in der kritischen Reflexion der Philosophie, sofern man sie überhaupt für notwendig und mit abermals *korrigierten Methoden* für durchführbar hält, wird die Frage nach dem „*Sein*" des Gedachten und Erkannten ihr gutes Recht behalten. Man konnte versuchen, diese Frage rein erkenntniskritisch zu beantworten; da man aber auch die faktische Erkenntnis selber zur „seienden" Wirklichkeit rechnen muß, so tauchte die ontologische Frage im Rücken der Erkenntniskritik wieder auf; steckt die Ontologie nicht als *Problem* schon in den „Bedingungen ihrer Möglichkeit", d. h. des Wahrheitsanspruchs aller wissenschaftlichen Erkenntnis selber? Die so verstandene *Fragwürdigkeit der Philosophie* soll nun in Folgendem, weil ein historisches Referat zu umfangreich würde, „*systematisch*" in einer Erörterung der Argumente für und gegen die Philosophie behandelt werden.

10. Vergegenwärtigen wir uns noch einmal, was der historische Rückblick erkennen ließ, so werden wir sagen, daß noch andere als grundsätzlich widerstreitende Ansichten über die Möglichkeit und Notwendigkeit einer Metaphysik als „Erster Philosophie" zutage traten, nämlich auch solche über das *Erkenntnisinteresse,* von dem die Philosophie geleitet sein sollte. Ohne im einzelnen zu wiederholen, was über Sinn und Aufgabe der Philosophie anläßlich der Charakteristik des Denkens der Vorsokratiker, der Sophisten, des *Sokrates, Platon* und *Aristoteles,* der Stoiker und Epikuräer, *Plotins,* der christlichen Scholastiker, der Rationalisten und Empiristen, *Kants* und der deutschen Idealisten, *Comtes* und *Marx'* ausgeführt wurde, wird nicht unbemerkt geblieben sein, daß auch hierüber keine durchgängige Einigkeit herrschte. Zwar wurde philosophische Erkenntnis auch dort, wo sie auf Metaphysik verzichtete, für notwendig erachtet, oft aber nur um eines nicht schon von ihrer Erkenntnis allein erfüllbaren Anliegens willen. Sie sollte etwa einsichtig machen, wie der Mensch das Leben eines „Weisen" zu führen habe oder „erlöst" werden könne aus den Banden der materiellen Körperlichkeit oder „vorbereitet" auf das Vernehmen des „offenbarenden Wortes". *Descartes'* Sorge um die Gewißheit ist interessiert an einer Wissenschaft, die den Menschen zum « maître et possesseur de la nature » macht; nach *Kant* ist die Philosophie in ihrem „Weltbegriff" „die Wissenschaft von der Beziehung aller Erkenntnis auf die wesentlichen Zwecke der menschlichen Vernunft". Bei *Comte* wird die Philosophie zum System der positiven Wissenschaften einschließlich der Soziologie, bei *Marx* zum theoretischen Programm einer revolutionären Veränderung der Gesellschaft. Zögen wir noch andere Denker in Betracht, z. B. Francis *Bacon,* Th. *Hobbes,* B. *Spinoza, Locke, Leibniz, Schopenhauer, Nietzsche* und *Bergson,* dann würden wir weitere Modifikationen des „Zweckes" der Philosophie antreffen, aber immer wieder solche, die motiviert sind von der Frage, *was der Mensch in der Welt sei* und worin deshalb Sinn und Ziel seines Daseins bestünde.

Offenbar spielen nun bei der von den Philosophen gesuchten und ausgesprochenen Antwort alle jenen kulturell-geschichtlichen, sozialpolitischen, moralischen und psychologischen Komponenten des konkreten Lebens eine entscheidende Rolle, nicht zuletzt auch Charakter, Temperament, Begabung und Interesse des individuellen Denkers selbst. Kann eine Lehre — unter dem Namen Philosophie —, die von so vielen unterschiedlichen Faktoren abhängt, überhaupt „Erkenntnis", geschweige denn „Wissenschaft“ sein wollen? Und wenn sie schon, sei es in einer „Metaphysik“, sei es in der Erkenntnistheorie oder in der Ethik, Ästhetik und Sprachphilosophie, zu Erkenntnissen kam, die den Grund zu einer objektiv-gültigen Wissenschaft legten, haben sich diese *Wissenschaften* — Mathematik, Physik, Astronomie, Biologie, Ökonomie, Soziologie, Philologie, Kunsthistorie usw. — nicht alsbald alle selbständig gemacht, von der Philosophie *„emanzipiert“*, schließlich auch die „Anthropologie“, die *wissenschaftlich* erforscht, „was der Mensch sei“?

Was geht die Wissenschaften, welche heute die Erforschung aller anfallenden problematischen Erscheinungen des menschlichen Lebens übernommen haben, eine Philosophie an, von der ein Philosoph selber — *Nietzsche* — sagen konnte: „Allmählich hat es sich mir herausgestellt, was jede große Philosophie bisher war: nämlich das Selbstbekenntnis [!] ihres Urhebers und eine Art ungewollter und unvermerkter mémoires; insgleichen, daß die moralischen (oder unmoralischen) Absichten [!] in jeder Philosophie den eigentlichen Lebenskeim ausmachen, aus dem jedesmal die ganze Pflanze gewachsen ist. In der Tat, man tut gut (und klug), zur Erklärung davon, wie eigentlich die entlegensten metaphysischen Behauptungen eines Philosophen zustande gekommen sind, sich immer erst zu fragen: auf welche Moral will es (will er) hinaus?“ [33] Wäre dieser Aphorismus das persönliche „Bekenntnis“ *Nietzsches* — die Aussage darüber, was er selber unter Philosophie verstand, — so stünde er damit am Ende des 19. Jahrhunderts (und sogar noch heute) nicht allein. Also gehört auch diese Auffassung noch zum *„Selbstverständnis der Philosophie“*, und die *„Verlegenheit“*, nicht sagen zu können, was Philosophie sei, scheint nun am Ende des historischen Rückblicks auf die Herkunft der gegenwärtigen Fragwürdigkeit ihres Wesens und Wertes kaum noch größer sein zu können.

[33] Jenseits von Gut und Böse, 1885, Aphorismus 6; vgl. dessen Fortsetzung und die übrigen Aphor. dieses Ersten Hauptstücks.

Zweiter Teil

PHILOSOPHIE UND MODERNE WISSENSCHAFT

A. Fachwissenschaftliche Forschung und philosophische Reflexion

1. *Wissenschaft* unterscheidet sich — ganz allgemein gesehen — von vorwissenschaftlicher Erfahrung und Urteilsbildung durch die planmäßige Befolgung einer *Methode.*[34] Fragestellung, Beobachtung, Analyse, Kontrolle, Hypothesenbildung und logische Theorie stehen in einem durchgehenden operativen Wechselbedingungsverhältnis zueinander. Jede *spezifische Methode* schreibt vor, *wie* alle Urteile am Ausweis der Befunde *verifiziert* und zugleich rational unter den vorausgesetzten Prinzipien *legitimiert* werden müssen. Beide Instanzen der Entscheidung über die „Richtigkeit" der Aussagen fungieren als korrelative Pole einer induktiv-deduktiv (oder abduktiv) verlaufenden Denkbewegung, insofern die gedanklichen *Voraussetzungen* zu bestimmten Fragestellungen an die zu erforschenden Gegebenheiten führen, d. h. neue experimentelle oder dokumentarische Befunde verlangen; und die *Befunde,* je nachdem wie sie ausgefallen sind, zu einer Revision der „Hypothesen" nötigen oder die Ausarbeitung einer „Theorie" erlauben. Sachlichkeit als kritische *Objektivität*[35] fordert, streng zwischen gesicherten Ergebnissen, begründeten Vermutungen und fragwürdigen Annahmen zu unterscheiden.

Jede *Methode* ist *spezifisch* und *exklusiv,* d. h., sie ist auf gesonderte Sachverhalte ausgerichtet und scheidet alles nicht zu dieser Sache Gehörende aus. Sie kann aber den ersten Bereich ihrer Anwendung

[34] Vgl. zum ganzen II. Teil: H.-G. *Gadamer*: Wahrheit und Methode, Tübingen 1960, 2. A. 1965 (daselbst weitere Literatur); Hermeneutik und Dialektik, Aufsätze hrsg. von R. *Bubner,* K. *Cramer,* R. *Wiehl,* Tübingen, 1970; W. *Stegmüller*: Aufsätze zur Wissenschaftstheorie, Wiss. Buchges., Darmstadt 1970.

[35] Man spricht von *„Objektivität"* in folgenden, miteinander zusammenhängenden Bedeutungen: 1. als wissenschaftliche *„Allgemeingültigkeit"* von Aussagen über die jeweils „thematischen Gegenstände"; 2. als die dabei gemeinte, vom erkennenden Subjekt und dessen Wissen unabhängige *„Wirklich-*

ausweiten, wie es etwa heute mit den in der Naturwissenschaft bewährten Methoden in den Sozialwissenschaften und in der Psychologie geschieht. Der *„thematische" Gegenstand* methodischer Forschung fällt deshalb nicht ohne weiteres mit den schon vorwissenschaftlich unterschiedenen Realitäten zusammen, die allerdings wieder darüber entscheiden, mit welchen und mit wie vielen möglichen Methoden ihre *komplexe Problematik* fruchtbar behandelt werden kann, d. h., ob sich mit ihrer Anwendung das Hauptinteresse einer speziellen wissenschaftlichen Fragestellung unmittelbar verbindet oder nur mittelbar als Beitrag einer „Hilfswissenschaft". Innerhalb einer Methodik weiteren Umfanges führt man wieder differenzierte Methoden ein, die ebenfalls komplementär gebraucht werden, wenn sie auf die Lösung eines Problems (z. B. der Datierung) „konvergieren". Soweit nicht äußerliche Mängel, z. B. fehlendes Material, ihn aufhalten, hängt der *stetige Fortschritt* wissenschaftlicher Erkenntnis mithin entscheidend von der Ersinnung und Erprobung neuer, sich ergänzender Methoden ab. Heute ist die Orientierung und Klärung aller dieser Verfahrensweisen in den Wissenschaften zur Aufgabe einer speziellen und einer umfassenderen *„Methodologie"* und *„Wissenschaftstheorie"* geworden.

Gerade die Erfolge, auf welche die Einzelwissenschaften dank ihrer spezialisierten Problemstellung und (zugleich) methodisch abgesicherten Zusammenarbeit pochen können, festigten die *positivistische* Überzeugung, aus eigener Kraft alle auf irgendeinem Lebensgebiet auftauchenden Probleme zu bewältigen und keiner „höheren" philosophischen Erkenntnis als Ergänzung zu bedürfen. Wie begreiflich diese Zuversicht ist, mag man sich beispielsweise an der mathematischen Naturwissenschaft vergegenwärtigen, der es doch gelungen ist, Tatsachen, Gesetzlichkeiten und Strukturen der Wirklichkeit aufzudecken, die unvergleichlich viel „wunderbarer" sind, als es sich die phantasievollsten Metaphysiker und „Naturphilosophen" je haben träumen lassen.

keit" derselben; 3. als die zu solcher Erkenntnis notwendige *„Sachlichkeit"* der psychischen Einstellung, in welcher die methodologische *„Objektivierung"* vollzogen werden kann. Darauf, daß Objektivität in der erstgenannten Bedeutung nur mit exakt-mathematischen Methoden einen *strengen* Anspruch erfüllen, aber auch für andere wissenschaftliche Methoden ein sinnvolles Ziel sein kann, werden wir noch wiederholt zurückkommen.

Die Vertreter der antimetaphysischen Position unter den Wissenschaftlern und Philosophen[36] haben aber nicht nur gegen die Naturphilosophie, sondern auch gegen andere Disziplinen der Philosophie eingewandt, es stehe der Philosophie nicht mehr zu, sich auf Probleme zu berufen, die sich angeblich fachwissenschaftlichem Zugriff entziehen. So sei z. B. eine philosophische Ethik, wie diejenige *Kants,* die unbedingte Gültigkeit beanspruche, unmöglich; „Moral" sei vielmehr ein nur sozialwissenschaftlich zu behandelndes Problem, weil sie notwendig zu verschiedenen Zeiten und bei verschiedenen Völkern und sozialen Gruppen nicht die gleiche sei. Darum ist der Pluralismus moralischer Normen bereits das Problem mehrerer Fachwissenschaften wie der *Psychologie, Anthropologie* und *Soziologie,* welche die Ursachen und Gründe der Wandlungen des moralischen Bewußtseins erforschen. Sie nehmen dem Ethiker auch die Arbeit ab, zu ergründen, wie sich die gegenwärtige Verunsicherung der Moral aus den im Umbruch befindlichen Lebensverhältnissen „erklären" läßt und welche „Umwertung" *(Nietzsche)* traditioneller moralischer Werte den faktischen Umständen der Lebensführung am besten entsprechen würde. Ebenso steht es mit der *Rechts- und Staatsphilosophie* und der (früher zur Philosophie gehörenden) *Pädagogik.* Auch die Probleme der *Ästhetik* sind zu solchen der Psychologie und Soziologie geworden, zumal sich auch die „normative" Ästhetik in die Historiographie der Künste aufgelöst hat, die nur von einem ständigen Wandel der werkimmanenten Gestaltungsgesetze zu berichten weiß. Die *Religionsphilosophie* hat selber auf die Begründung einer allgemeingültigen „Natur- oder Vernunftreligion" verzichtet und ist, wie alle vorgenannten Disziplinen der Philosophie — sofern sie überhaupt noch möglich oder nötig sein sollten —, auf die Ergebnisse der empirischen Forschung der Fachwissenschaften angewiesen. Endlich wird auch die *Sprachphilosophie* schwer sagen können, welche ihrer Probleme nicht ebenfalls längst von den Sprachwissenschaften selber, insbesondere der Vergleichenden Sprachwissenschaft, übernommen sind.

Die Philosophen haben zwar zumeist auch Forschungsarbeit auf einem oder mehreren Fachgebieten geleistet; viele Wissenschaften sind aus philosophischen Anregungen oder Vorarbeiten hervorgegangen.

[36] Es sind vor allem die Neo-Positivisten, aber auch zahlreiche Pragmatisten, Strukturalisten, Existentialisten und Marxisten, deren Argumente — wohlgemerkt — hier nur generell und summarisch referiert werden.

An der Forderung methodischer Forschung und an ihrer Grundlegung war die Philosophie selber beteiligt, wiewohl sie für ihr eigenes Vorhaben anscheinend immer wieder neue *Methoden* für erforderlich hält. Wie sich aber bisher nicht *eine* derselben einhellige Anerkennung verschaffen konnte, so läßt sich auch nicht sagen, welches denn ihr besonderer *Gegenstand* sei; sie scheint sich vielmehr stets mit allen erdenklichen Erkenntnisgegenständen befaßt zu haben und ihre „*Universalität*" auch heute nicht preisgeben zu wollen. Sofern nun die *Metaphysik* als „Erste Philosophie" die lange Zeit anerkannte „Grundwissenschaft" universaler Reichweite gewesen sein sollte, so hat sie doch den Widerspruch gegen ihren Anspruch, ja den Nachweis ihrer Unmöglichkeit aus dem eigenen Lager erfahren müssen. Über das „Seiende als solches" etwas aussagen zu wollen, außer daß es der undefinierbare Gegenstand einer indefiniten Zahl von Einzelwissenschaften sei, erscheint heute sinnlos. Die abstrakt gestellten Fragen nach dem „Sein selbst", dem „Nichts", dem „Werden", der „Welt", dem „Leben", der „Seele", dem „Geist" usw. sind nur *Scheinprobleme*, Fragen, auf die es keine positive, geschweige denn eine allgemeingültige Antwort geben kann. Je nach Veranlagung, Charakter und Kenntnissen wird der Philosoph ein sogenannter Materialist oder Spiritualist, Monist oder Pluralist, Dogmatist oder Skeptizist, Realist oder Idealist usw. werden. Er wird, wie *Kierkegaard* einmal spöttisch sagte, irgendein „System zusammenschustern", das dann ebenso brüchig ist wie alle „ontologischen" Systeme überhaupt.

Entfällt also auch das Thema eines „allgemeinsten" Gegenstandes, weil es zu seiner Erkenntnis keine „spezifische Methode" geben kann, und ist unsere Erkenntnis auf die Spezialisierung der Methoden angewiesen, dann sind der Philosophie nunmehr alle Gegenstände von der Wissenschaft entzogen worden. An deren Arbeit teilzunehmen setzt gründliche *Sachkunde* voraus; aber wer könnte sie heute noch auf *allen* Gebieten besitzen? „Universalgenies" mögen in älterer Zeit möglich gewesen sein; heute reicht ein hohes Lebensalter nicht einmal mehr dazu aus, sich das erarbeitete Wissen z. B. nur der Medizin anzueignen. Es muß genügen, wenn ein Spezialist wenigstens einige Kenntnis auf den seinem Fach nächstbenachbarten Gebieten besitzt; er weiß zwar, wie man scherzend sagt, „immer mehr von immer weniger"; aber es besteht auch nicht die geringste Notwendigkeit, daß ein Wissenschaftler in mehreren oder gar allen Wissenschaften Bescheid weiß. Produzent und Inhaber des „*Gesamtwissens*", das sich fast automatisch vermehrt, ist heute die anonyme *Gesellschaft*; wo und wann Fachwissen verlangt wird, kann bei den Spezialisten angefragt werden. — So die nächstliegenden positivistischen Einwände gegen die Philosophie!

2. Angesichts der spezialistischen Zersplitterung der Wissenschaften ließe sich freilich an eine Aufgabe denken, die von derjenigen Denkarbeit übernommen werden könnte, die wenigstens formell noch mit dem traditionellen Anspruch der Philosophie auf *Universalität* zusammenhängt, nämlich, wie es *Comte* schon formulierte, die *„enzyklopädische“* Synopsis der Einzelwissenschaften. Sache der Philosophie wäre dann nur das ordnende Résumé dessen, was Methodologie und Wissenschaftstheorie je und je in engster Verbindung mit den Fachwissenschaften als Beitrag zu dieser kompendiösen Überschau liefern. Eine inhaltliche „Bilanz“ des Wissens käme aber nur in Frage, wenn der „philosophische“ Redaktor der Enzyklopädie sie wieder in die Hände der Einzelwissenschaftler legte. Er selber dürfte sich nicht einmal zutrauen, eine Auswahl des „Wesentlichen“ zu treffen, weil darüber auch die Fachleute keine sichere Auskunft geben könnten. Sie rechnen nicht ohne guten Grund damit, daß irgendein scheinbar unbedeutendes Ergebnis der Forschung eines Tages große Tragweite bekommt.

Eine bloß formale Zusammenstellung der Methoden und Resultate könnte auch die methodische *Interdependenz* der Einzelwissenschaften nur äußerlich konstatieren und würde aus dem enzyklopädischen System ein fleischloses Gerippe machen. Da nun die Einzelwissenschaften „florieren“ und sie ihr Verhältnis zueinander je nach innerer oder äußerer Notwendigkeit selber arrangieren können, so fragt man, welchem Zweck eigentlich die enzyklopädische Systematisierung dienen soll. Wer bedarf oder warum bedarf „man“ einer solchen Überschau? Muß der Einzelwissenschaftler wissen, wo sein Ort im System der Wissenschaften ist?

Erst der Aufweis eines *notwendigen Interesses* könnte die positivistisch denkende Wissenschaft davon überzeugen, daß und warum die Philosophie sich mit der Bescheidung auf die ihr zugedachte Aufgabe einer bloßen Planzeichnung der „universitas literarum“ nicht abfinden könnte. Dem philosophischen Interesse an einer „höheren Aufgabe“ stehen aber von seiten der Wissenschaften die oben erwähnten schweren Bedenken gegenüber, die noch durch die Befürchtung vermehrt werden, infolge unzureichender Vertrautheit mit der Vielfalt wissenschaftlicher Forschung werde das philosophische System wie eh und je nicht ohne Willkür und Gewaltsamkeit zustande kommen.

3. Für die Wissenschaft als solche wäre es ebenfalls ohne Interesse, wenn die Philosophie die ihr verbleibende Aufgabe darin sähe, der Unzufriedenheit mit dem provisorischen Charakter aller Erkenntnis entgegenzukommen und ein das „Stückwerk" des Wissens komplettierendes „Welt- und Menschenbild" anzubieten — eine *„Weltanschauung"*, wie man seit dem ausgehenden 19. Jahrhundert zu sagen pflegt. Man rechtfertigte diese Bemühung mit dem Argument, daß sie zwar nicht den wissenschaftlichen Forschungsresultaten widersprechen, aber neben intellektueller Information doch auch die „Gemütsbedürfnisse" des Menschen „befriedigen" dürfe (Wilh. *Wundt*). Aufgabe eines „Denkers" sei es, die von der Wissenschaft als solcher nur stück- und schrittweise oder gar nicht beantwortbare Frage nach dem „Sinn und Wert des Lebens" aufzugreifen und eine Antwort auf sie zu geben, welche das ihrer bedürftige Selbst- und Weltbewußtsein des zeitgenössischen Daseins stärkt. Nicht Beweisbarkeit im wissenschaftlichen Sinn entscheide hier über die „Wahrheit", sondern die Möglichkeit, mit der angebotenen philosophischen Deutung eine gläubige Zustimmung zu finden.

Noch Oswald *Spengler* schrieb 1922 im Vorwort zur Neubearbeitung seines Buches ›Der Untergang des Abendlandes‹: „Ein Denker ist ein Mensch, dem es bestimmt war, durch das eigene Schauen und Verstehen die Zeit symbolisch darzustellen... Was als Bild seiner Welt mit ihm geboren wurde, ... ist sein Wesen in Worte gefaßt, der Sinn seiner Persönlichkeit ... Was als philosophische Gelehrtenarbeit entsteht, ist überflüssig und vermehrt lediglich den Bestand einer Fachliteratur." Was *Spengler* „symbolische" Darstellung nennt, entspricht ziemlich genau dem, was man von der „Weltanschauungs-Philosophie" teils anerkennend, teils tadelnd sagte: sie sei eine *„Begriffsdichtung"* (F. A. *Lange*). Nach dieser Auffassung ist auch die *Metaphysik nie etwas anderes* gewesen als der gedankliche *„Ausdruck"* eines „Zeitgeistes", einer „Lebensform" und einer „Persönlichkeit" (vgl. das *Nietzsche*-Zitat S. 79), also „Dichtung" und „Kunst" im Gewande intellektueller, aber emotional gefüllter Begriffe und Gedankenfolgen. Natürlich reagiert die Wissenschaft auf solche Intuitionen besonders gereizt, wenn sie — wie es „Mephistopheles" nur höhnisch tut — zur „Verachtung von Vernunft und Wissenschaft" auffordern.

Eine Philosophie, die sich selbst *nur* als „subjektives *Bekenntnis*" versteht, kann weder als Partner noch als Konkurrent von der Wissenschaft ernst genommen werden; sie wird vielmehr das Objekt kulturhistorischer, soziologischer und psychologischer Forschung. Philosophisch von Belang wäre nur ihr *relativistischer Wahrheitsbegriff*, den sie von sich selber als einem „*Ausdruck*" charakterologischer oder nationaler, sozialer oder epochaler Geistigkeit auf *alle* „Lebensäußerungen" einschließlich der Wissenschaft überträgt. Sowenig man nämlich bestreiten kann, daß alles Denken von meist unbewußten Faktoren dieser Herkunft *mitbestimmt* und -geprägt wird, so unhaltbar ist es, die Möglichkeit streng-objektiver Hingabe an den Anspruch der „Sachen" zu leugnen. Wenn z. B. etwas die Richtigkeit der *naturwissenschaftlichen* Erkenntnis (äußerlich) demonstriert, dann ist es ihre zuverlässige Verwendbarkeit in der *Technik*. Dagegen verschlägt es nichts, daß die Griechen trotz beachtlicher Errungenschaften auf dem Felde exakter Naturforschung nur verhältnismäßig begrenzten technischen Gebrauch von ihnen gemacht haben. Das hatte historisch erkennbare Gründe, darunter auch solche ihrer Scheu, die Natur zu „überlisten"; — eine Hemmung, die uns weithin fremd geworden ist. Wir können das Verhalten der Antike aber noch „*verstehen*", obgleich wir infolge des biblischen Schöpfungs-Glaubens an die Natur als Gottes „*Werk*" ihre Mächte nicht mehr als Götter verehren, sondern in ihr vorwiegend das Objekt unserer wissenschaftlichen Erkenntnis und kulturellen Betätigung sehen. Die ganze Reflexion über die *Weltanschauung* krankt schließlich daran, daß man überhaupt in ihr etwas sieht, was immer erst entworfen und „gestaltet" werden müßte, während sie der zunächst unbewußte und erst nachträglich reflektierbare Gesamtaspekt von Welt und Leben ist, an dem die Wissenschaften so gut wie die Philosophie teilhaben.

Gibt man den wissenschaftlichen Argumenten für die Fragwürdigkeit der Philosophie, die wir gehört haben, recht, dann scheint die Philosophie nur noch einen einzigen Gegenstand zu behalten, nämlich sich selber mit ihrer geschichtlichen Vergangenheit. Sie zu erforschen erfordert zwar spezielle Geschultheit in philosophischer Denkweise, müßte sich aber nach positivistischem Verständnis als *Historiographie der Philosophie* den übrigen Fächern der Geistes- und Kulturhistorie, also den „positiven" Wissenschaften einreihen. Die Infragestellung nicht nur der Metaphysik klassischer Prägung, sondern der Philosophie überhaupt ist also heute radikaler denn je zuvor. Sie verschärft sich, wenn die Philosophie selber gestehen muß, daß eine „*Entfremdung*" zwischen ihr und den positiven Wissenschaften eingetreten sei, was ja als Argument gegen sie gelten könnte. Daran kann in der Tat kein Zweifel sein: Wenn es zur Übernahme und Durchführung einer sinnvollen und legitimen *Aufgabe der Philosophie* unbedingt erforderlich sein sollte, sich das gesamte und rapide anwachsende Wissen fortlaufend inhaltlich anzueignen, dann ist die Lage der Philosophie hoffnungslos geworden.

Das wäre mithin die erste *Konzession*, welche die Philosophie machen muß, auch wenn sie nicht zugeben wollte, daß damit ihr Ende gekommen sei. Sie hätte die weitere Konzession zur Folge, daß ihr auch *Methodologie* und *Wissenschaftstheorie* entgleiten, wenn sie sich auf spezielle Mitarbeit gründen und zugleich allumfassend sein sollten. Ähnliche Grenzen sind den übrigen Disziplinen bei Berücksichtigung des von den Einzelwissenschaften bereitgestellten Materials gezogen. Und wenn das *weltanschauliche Interesse*, wie der historische Rückblick wohl gezeigt hat, stets auch ein integrierendes Motiv der Philosophie gewesen ist, so müßte sie angesichts des hohen Prestiges, das jetzt die Wissenschaften genießen, und der „gereiften Urteilskraft des Zeitalters, welches sich nicht länger durch Scheinwissen hinhalten läßt" *(Kant)*, die *Konzession* machen, daß einem nüchternen und kritischen Wissen-Wollen nicht mit noch so genialischen Weltdeutungen gedient ist. Auch reicht der vage und sentimentale Begriff der „Befriedigung von Gemütsbedürfnissen" nicht einmal aus, um dem Sinngehalt der Werke eines Dichters und Künstlers von Rang gerecht zu werden. Den Namen „Begriffsdichtung" zu akzeptieren, würde die Kapitulation der Philosophie besiegeln; denn wenn mit „Weltanschauung" nur das „Weltbild" eines ideenreichen Kopfes gemeint ist und unterstellt wird, mehr sei auch bei den großen Denkern nicht zu finden, dann nimmt man deren Anstrengung, die auf überpersönlich gültige Erkenntnis gerichtet war, nicht mehr ernst.

4. Die Philosophie wird sich also den Wissenschaften gegenüber nur dann rechtfertigen und behaupten können, wenn sie nachweist, daß es trotz des „Flors der Wissenschaften" ein allgemeines „*Vernunftinteresse*" an Problemen gibt, deren Lösung „der menschlichen Natur nicht gleichgültig sein" kann *(Kant)* und daß dieses „Vernunftinteresse" zu einer *kritischen Reflexion* nötigt, die auch die positiven Einzelwissenschaften „nicht gleichgültig" läßt, vielmehr *in ihnen selber* anhebt, z. B. wenn sie in eine *Grundlagenkrise* geraten, die rein metho-

dologisch nicht zu bewältigen ist. Erfahrung zeigt nämlich, daß sie dann gezwungen werden, zu „philosophieren". Gewiß, es könnte „unlösbare" Probleme, also „*Aporien*" geben, wie z. B. Nicolai *Hartmann* (1882—1950) nachdrücklich zu betonen pflegte; dann wäre es jedoch noch der Mühe des philosophischen Nachdenkens wert, den Beweis dafür zu liefern, sofern immer wieder von Philosophen und Fachwissenschaftlern „Lösungen" vorgetragen werden, die sich als „Schein" enthüllen. Andererseits werden oft Probleme für „aporetisch" gehalten, weil man ihre Lösung von Methoden erwartet, die dafür nicht zuständig sind.

Ein Modellfall dieser Art war z. B. die Folgerung, die der Physiker E. *Du Bois-Reymond* (1818—1896) in seiner berühmt gewordenen Rede über ›Die Grenzen des Naturerkennens‹ (1872) zog, wenn er vom Wesen und von der Erklärbarkeit des Bewußtseins sagte: „Ignoramus, ignorabimus" (wir wissen es nicht und werden es nicht wissen). Denn er deckte nur auf, daß auch auf eine heute nicht mehr „mechanistische" Physik noch zutrifft, was *Leibniz* in der ›Monadologie‹ (Ziff. 17) geschrieben hat: „Denkt man sich etwa eine Maschine, deren Einrichtung so beschaffen wäre, daß sie zu denken, zu empfinden und zu perzipieren vermöchte, so kann man sie sich unter Beibehaltung derselben Verhältnisse vergrößert denken, so daß man in sie wie in eine Mühle hineintreten könnte. Untersucht man alsdann ihr Inneres, so wird man in ihm nichts als Stücke finden, die einander stoßen, niemals aber etwas, woraus man eine Perzeption erklären könnte." — Es sei versucht, diese Behauptung so kurz und elementar wie möglich zu erläutern.

Die Erkenntnis der Naturwissenschaft geht zwar von der subjektiven Erfahrung, nämlich der direkten oder instrumentell vermittelten Wahrnehmung aus. Da sie aber ihrer spezifischen Intention auf einen Gegenstand folgt, der allein in raum-zeitlich meßbaren Abhängigkeitsbeziehungen bestimmt und mathematisch formuliert werden soll, so kann in der von ihr erkannten Wirklichkeit, wie in der Leibnizischen „Mühle", das subjektive Bewußt-sein nicht mehr „gefunden" werden. Die mathematisch-exakte Methode sucht gerade die nur je individuell erlebbaren Qualitäten der inneren und äußeren Erfahrung durch intersubjektiv nachprüfbare, also objektiv feststellbare Raum-Zeitgrößen zu ersetzen und damit das psychologische Subjekt durch ein methodologisches oder, wie *Kant* sagte, durch das „transzendentale Subjekt" der wissenschaftlichen Erkenntnis. Die Naturwissenschaft ist also eine Erkenntnis "from the point of view of no one in particular", wie

Eddington (Space, Time and Gravitation, 1923, S. 30) es formuliert hat. Dieser an sich zutreffenden Charakteristik muß man aber entgegenhalten, daß sie für ein Subtraktionsergebnis gilt. Denn in ihr wird „abgesehen" von allen jenen „subjektiven" Erlebnisinhalten, auf die sich ihrerseits unsere feste Überzeugung von einer nicht weniger gut erfahrbaren Wirklichkeit, nämlich des Zweck- und Sinnzusammenhanges des menschlichen Daseins gründet, einschließlich der Erforschung jener Naturgesetzlichkeiten, denen wir mit unserer *Körperlichkeit* selber unterworfen sind. Würde diese *nur* als eine physikalisch bestimmbare verstanden werden, dann vollzöge man schon eine Abstraktion von unserer rechtverstandenen *Leiblichkeit.* Denn diese ist die umfassende *Einheit* von psychophysischen Strukturgesetzlichkeiten, zu denen auch die des Bewußtseins und seiner Tätigkeiten gehört. Die Koïnzidenz von „Erlebnissen" mit physiologischen Prozessen im Leibe, die *als solche* doch nicht als Erlebnisse erkennbar sind, besagt mithin weder, daß das Bewußtsein „eigentlich nichts anderes als" ein physiologischer Vorgang, noch daß dieser eine bloße Vorstellung „in uns" sei. Auch ohne „Seele" und Bewußtsein einfach gleichzusetzen, dürfen wir also sagen, daß uns unser Bewußtsein ebensogut erforschbar ist wie der Körper, weil sich überhaupt alles Fragen und Wissen nur „im" Bewußtsein abspielt oder *richtiger* gesagt: *als* be-wußt-sein. Denn der Gebrauch von räumlichen *Metaphern* wie „innen und außen" verleitet zu unangemessenen Vorstellungen von den Beziehungen und Verhältnissen, um deren Begriff es geht. Wenn z. B. das Bewußtsein als unmittelbar bekannte Wirklichkeit anerkannt wird, dann stellt sich oft die Vorstellung ein, es handle sich dabei primär um ein noch „weltloses Subjekt" (bzw. eine „tabula rasa") von „denkender Substanz". Dann treten, wie im historischen Teil berichtet wurde, metaphysisch-ontologische Aporien für jeden der drei Standpunkte des Dualismus *(Descartes),* des Materialismus *(Hobbes)* und des Spiritualismus *(Berkeley)* auf. Daran zeigt sich, daß und warum erkenntnistheoretische Unklarheiten stets wieder den Rückfall in „aporetische" Positionen einer dogmatischen Metaphysik zur Folge haben können. Denn mit der Verlegenheit *Du Bois-Reymonds* befinden wir uns wieder in der denkerischen Situation des *Descartes.* Wie dieser auf die Schwierigkeit stieß, von der „res cogitans" den Überstieg zur „res extensa" zu bewerkstelligen, so *Du Bois-Reymond* den Überstieg von der res extensa zur res cogitans — der „Seele" und dem „Bewußtsein". Nur eine kritische Reflexion auf die „transzendentale" Funktion des Bewußtseins, *innerhalb dessen* sich scheinbar diese Aporie einstellt, vermag sie auch aufzulösen: z. B. kann sich die Physik „als Wissenschaft" nur in wissenschaftskritischer Reflexion zum „thematischen Gegenstand" ihres Selbstverständnisses machen; und sie muß ihre Methode schon logisch geprüft haben, bevor sie etwa an die Erforschung ihres „physischen Erkenntnisorgans" herangehen kann. Dieses, aber nicht sie selbst, ist ihr ein „physikalisch" erforschbarer, empirisch-raumzeitlicher „Gegenstand". An dieser „Dialektik" zeigen sich jene Widersprüche, in die das Bewußtsein sich leicht bei seiner eigenen „Vergegenständlichung" verstrickt.

Der erkenntniskritischen Reflexion stehen, wie gesagt, die metaphorischen Ausdrücke hindernd im Wege. Zu ihnen gehören auch manche dem populären Denken — und nicht nur ihm — geläufige *Modelle* der Erkenntnisleistung. Es wurde das Beispiel von den „Feueratomen" und „Bilderchen" *Demokrits* erwähnt. Die von den Spiegelbildern im Auge angeregte, weitverbreitete *Abbildtheorie* versagt schon deshalb, weil doch ein optischer „Spiegel" nichts „erkennt". An ihre Stelle tritt dann ebensooft die Auffassung, die erkennende Seele bediene sich gewisser *Werkzeuge* oder *Organe* („Vermögen"), mittels derer sie die erlebten Gegebenheiten zu gegenständlichen Vorstellungen verarbeitet. Verstand und Vernunft werden, wie man sich ausdrückt, vom Subjekt (Ich) wie verfügbare Instrumente gebraucht. Ein „Subjekt" oder „Ich" ist aber nur „da", sofern es sich seiner selbst bewußt werden kann; und es ließe sich in einer gründlicheren Reflexion, als sie hier schon durchführbar ist, zeigen, daß Selbst- und Gegenstandsbewußtsein unzertrennlich miteinander zusammenhängen und sich erst im Vollzug der Erfahrung gegenübertreten. *Kant* hat das in der Vorrede zur 2. Aufl. der ›Kritik der reinen Vernunft‹ nachdrücklich betont gegen den Vorwurf, sein transzendentaler Idealismus gleiche dem „psychologischen Idealismus" (Spiritualismus) *Berkeleys* (Kritik der r. Vernunft, B., 38—41). Albert *Görland* (1869—1952) faßte das erkenntniskritische Problem darum kurz und treffend in die Sätze: „Man quält sich seit je mit der Frage, wie Denken und Sein . . . zusammenzubringen seien. Man sollte erkennen, daß die einzige Schwierigkeit darin besteht, sie auseinanderzubringen" (Prologik, 1930, S. 31).

Man mag sich für diese oder jene „philosophische" Auffassung entscheiden: es läßt sich kaum übersehen, wie oft schon innerhalb des wissenschaftlich verfahrenden Denkens in den Grundbegriffen eine *„ontologische" Entscheidung* gefällt wird — nämlich wie man über die

„Seinsweise" des jeweils gemeinten „Seienden" denkt. Damit ist nicht nur dessen Gesetzlichkeit und Struktur gemeint, sondern deren ontologische Bedeutsamkeit als Manifestation eines besonderen Sinns, in welchem wir von erfahrbarem „Sein" sprechen, z. B. so, wie wir geradezu „selbstverständlich" davon überzeugt sind, daß der seiner selbst und der „Welt überhaupt" bewußte Mensch anders „da ist", als die übrigen Lebewesen mit ihrer spezifischen „Umwelt". Es handelt sich also bei der nach wie vor legitimen ontologischen Problematik nicht mehr um die alte rationalistische Ontologie. Denn die Entscheidung darüber, welche Begriffe „ontologisch relevant" sind, ist nicht mehr unabhängig von der transzendental-methodologischen „Kritik" ihrer Erkenntnis-Funktion. Jedenfalls kann aber das „Bewußt-sein" nicht als bloß „passive Spiegelung", sondern muß als eine ausgezeichnete Weise, „zu sein", aufgefaßt werden, zumal es sich der „Aktivität" der Sprache verdankt (darüber unten mehr).

5. Wir vollziehen mit *kritischen Fragen* dieser Art schon eine *philosophische Reflexion.* Der Behauptung von ihrer „Überflüssigkeit" konnten bereits einige kritische Argumente entgegengehalten werden. Auch von ihrer *„Gegenstandslosigkeit"* darf nur noch gesprochen werden, wenn wir mit dem Wort „Gegenstand" *nur* den Begriff der thematischen Gegenständlichkeit einer *Fachwissenschaft* verbinden. Verstehen wir aber unter ihm die „Sache" einer sich auf irgendeine gegenständliche Erkenntnis richtenden Reflexion überhaupt, dann ist *„Gegenstand"* philosophischer Reflexion *zunächst* das *Problem,* was *„Vergegenständlichung"* besage und sei. Das ist im Sinne der auf *alle* Wissenschaften ausgedehnten „transzendentalen" Fragestellung *Kants* gemeint. — Reflektieren wir nun weiterschreitend die *spezifische Leistung* der naturwissenschaftlichen Objektierung!

Die Verbundenheit von exakter *Naturwissenschaft und Technik* ist enger, als es scheint, wenn man die Technik nur als Anwendung der Erkenntnisse versteht. Die Methode selber ist mit experimenteller Technik verbunden und die sinnreichsten technischen Apparate begegnen uns in den Laboratorien der Forschung. Die experimentell-mathematische *„Objektierung"* spricht sich aus in den oben zitierten Sätzen *Kants* über das inquisitorische Verfahren der Vernunft, welche „die Zeugen nötigt", auf die Fragen zu antworten, die sie stellt; so „schreibt also der Verstand der Natur die (formalen) Gesetze vor", weil er sie nach einem vorher (a priori) entworfenen Plan zwingt, sich seinen Begriffen zu fügen. Erkenntnis ist — wenn sie so verfährt —

eine „Veranstaltung" des *Interesses am „Herrschaftswissen"*, wie es Max *Scheler* genannt hat (vgl. ›Die Wissensformen und die Gesellschaft‹, Leipzig, 1926, S. 250). Die Naturwissenschaft — so pflegt man zu sagen — fragt nicht nach dem „Wesen" von Energie, Materie usw. oder nach irgendeinem „Zweck- und Sinnzusammenhang" — wie es die ganze antike und mittelalterliche „Physik" getan hatte —, weil sowohl *ontologisch* gewährleistet sei, daß ihr „Wesen" im Relationsgefüge der Aussagensysteme zureichend beherrschbar beschrieben werde; als auch, weil *erkenntniskritisch* ein etwa in der Natur waltender „Sinn" und „Zweck" wissenschaftlich nicht erkennbar wäre. Die noch im 18. Jahrhundert bewunderte *„Zweckmäßigkeit"* der Natur gilt schon bei *Kant* nur als „heuristisches Prinzip", d. h. als Analogieverfahren bei der Analyse des Kausalzusammenhangs in organischen Systemen, so *„als ob"* ein Zweckbegriff — wie die Aristotelische „Entelechie" — sie geformt hätte. Der „Vitalismus" von Hans *Driesch* (1867—1941), der wieder ein besonderes gestaltendes Prinzip der „Entelechie" anerkannt wissen wollte, konnte sich, weil es gegen die Einheit der Naturgesetzlichkeit verstieß, nicht durchsetzen. Der morphologische „Holismus" von R. B. *Haldane* und Adolf *Meyer-Abich* näherte sich schon der von Norbert *Wiener* entwickelten *kybernetischen Methode*, mit der das Problem aller sich selbst regulierenden Systeme (nicht nur in der Biologie) heute auf eine *strukturtheoretische* Grundlage gestellt worden ist, die mit den Prinzipien der physikalischen Objektivierung im Einklang steht.

6. In einer „Einführung" ist noch kein Platz für eine ausführliche Behandlung dieser Fragen; sie wurden nur angeschnitten, um darauf aufmerksam zu machen, daß und wie eng erkenntniskritische und „ontologische" Probleme miteinander zusammenhängen. Auch steht nicht zur Debatte, ob oder wieweit die in der exakten Naturwissenschaft mit ihrer faszinierenden Leistung entwickelte „technognomische"[37] Methode sich in den übrigen Wissenschaften bewährt hat. Mit der kritischen Kennzeichnung als „Herrschaftswissen" ist *nicht* eine Kritik von außen gemeint, die ihr bestritte, sachliche Erkenntnis zu sein; es sollte nur darauf hingewiesen werden, daß der Begriff von „Erkenntnis" nicht so exklusiv-theoretisch gedacht werden darf, wie es sich nahelegt, wenn man keine Kenntnis von den das *Erkenntnis-Interesse* leitenden Vor-Entscheidungen nimmt, welche das kul-

[37] Vgl. K. O. *Apel* in der Anm. 5 zitierten Schrift.

turelle Selbstverständnis der „exakt"-wissenschaftlichen Forschung *mitbestimmt* haben.

Wie es zu diesen Entscheidungen kam, läßt sich *geistesgeschichtlich* genau verfolgen. Es haben auf sie noch ganz andere geschichtliche Faktoren eingewirkt als die logisch-erkenntnistheoretischen Erwägungen, die angeblich allein zur Entdeckung des wissenschaftlichen Verfahrens geführt haben (vgl. S. 39). Nicht darum also geht es, festzustellen, ob es an sich „richtig und wichtig" ist, sondern nur, welche *Art von Richtigkeit* ihm eignet und welches *Maß von Wichtigkeit* ihm im Ganzen des menschlichen Daseins zukommt — man könnte auch sagen: *wie wissenswert* das mit ihm zu gewinnende Wissen *im Zusammenhang* mit anderen, *notwendigen Interessen* des Menschen sei. Man braucht kein „Romantiker" zu sein, um diese *Fragen* heute sinnvoll und notwendig zu finden, da man um die Erhaltung des biologischen Gleichgewichts zwischen Mensch und Natur besorgt sein muß. Aber um auf sie einzugehen, muß der Horizont der philosophischen Reflexion über den der Wissenschaften ausgeweitet werden.

Es hat seinen guten Grund, daß Wissenschaftstheorie und Methodologie schon als „philosophische" Disziplinen anerkannt werden, auch wenn der Positivismus meint, die Philosophie habe sich auf *diese* reflexiven Theorien reduziert. Denn deren Frage nach dem Begriff von Wissenschaft im Unterschied zur vor- und unwissenschaftlichen Erfahrung ist die erste, die gestellt und beantwortet werden muß, wenn weitere Fragen nach *Wesen und Tragweite der Wissenschaft* sich anschließen sollen. Dabei ergibt sich die Notwendigkeit einer *„Wissenschaftskritik"* genannten, umfassenden Reflexion (bzw. Reflexionsebene). Was „Kritik" in diesem Begriff bedeuten soll, ist anläßlich des kurzen Referats über *Kants* ›Kritik der reinen Vernunft‹ formell zureichend erläutert worden; ob und wieweit sich mit ihr auch eine „polemische" Kritik *an* den Wissenschaften verbinden könnte, bleibe offen. J. *Habermas* sagt kurz und bündig: „Daß wir Reflexion verleugnen, *ist* der Positivismus" (Erkenntnis und Interesse, 1968, S. 9).

Zunächst halten wir nur fest, daß man nach dem, was „Wissenschaft" sei, auch noch über Erkenntnis- und Wissenschaftstheorie hinaus sinnvoll fragen kann und aus legitimen Gründen fragen muß. Was besagt z. B. der Satz Jacob *Burckhardts* am Ende seines Vorwortes zum ›Cicerone‹: „Das Raisonnement des ›Cicerone‹ macht keinen Anspruch darauf, den tiefsten Gedanken, die Idee eines Kunstwerks zu verfolgen und auszusprechen. Könnte man denselben überhaupt in

Worten vollständig geben, so wäre die Kunst überflüssig, und das betreffende Werk hätte ungebaut, ungemeißelt, ungemalt bleiben können."? Gegen den Einwand, Kunstgeschichte sei eben, wie alle sog. „Geisteswissenschaften", keine „strenge" oder überhaupt keine „Wissenschaft", weil die *Methode des „Verstehens"*, der „Interpretation", deren sie sich bedienen, grundsätzlich nicht zu streng allgemeingültigen Aussagen kommen könne, — gegen diesen Einwand dürfen die Geisteswissenschaften vorbringen, daß die allgemeine, kritische Wissenschaftstheorie mit der Einengung des Wissenschaftsbegriffs auf die mathematisch-objektivierenden Wissenschaften nicht einverstanden sein könnte. Es gehöre nicht zu den notwendigen Bedingungen wissenschaftlicher „Gegenständlichkeit", daß sie „quantifiziert" und in mathematischen Gleichungen aussagbar sei.[38] *Burckhardt* will kunstwissenschaftlich das *„Verständnis"* der Kunstwerke Italiens *vermitteln*, das aber, wie er betont, eigentlich nur auf das Gebaute, Gemeißelte und Gemalte selber schauen sollte, weil mit „Worten" nicht zu ersetzen ist, was gesehen sein will. Seine Sätze erinnern an eine Bemerkung *Kants* in der „Kritik der Urteilskraft" (§ 49), „ästhetische Ideen" „veranlaßten" zwar, „viel zu denken", könnten aber „von keiner Sprache völlig erreicht und verständlich gemacht werden".

Die Einzelwissenschaften beziehen sich auf „Gegenstände", die auch außerhalb ihrer die „Sache" eines „kulturellen" Interesses sind: medizinische, ökonomische, politische und soziale Praxis, künstlerisches Schaffen usw.; genausogut scheint man auch sagen zu können, die wissenschaftliche Erkenntnis erfülle *innerhalb jener* eine bestimmte, notwendige Aufgabe. Das träfe auch auf die Naturwissenschaft, ungeachtet des in ihr zu Recht waltenden Interesses an „reiner Erkenntnis", in weitem Umfang zu. Man braucht nur an ihr Verhältnis zur Medizin und Technik zu denken, oder an Aussprüche wie die von Fr. *Bacon*: „Wissen ist Macht", von *Descartes*, wenn er von der Wissenschaft erwartet, daß der Mensch « maître et possesseur de la nature » werde, oder an *Comtes* Leitsatz « savoir pour . . . pouvoir ». Ansichten wie diese liegen schon in der Richtung der „Veränderung der Welt", die *Marx* von den Philosophen forderte.

[38] Schon G.-B. *Vico* vertrat die keineswegs paradoxe Auffassung, eigentlich verschafften uns nur die Wissenschaften vom Menschen wirkliche Erkenntnis, weil sie ihren Gegenstand von innen heraus „verstehen" können. Vgl. La Scienza Nuova, 1. A. 1725, dt. Übers. 1924, rowohlts Klassiker der Literatur und Wissenschaft, Bd. 10, 1966.

7. Muß eine solche Auswirkung der wissenschaftlichen Forschung überhaupt erst gewünscht werden? Sosehr *innerhalb* wissenschaftlicher Forschung die Erkenntnis *„Selbstzweck“* ist, sosehr verändert gewonnene Erkenntnis unvermeidlich das Verhältnis des Menschen zu der „Welt“, in der er lebt — auch wenn die Folgen oft ungewollt und unvorhersehbar waren. Der Positivismus beruft sich mit Recht darauf, daß wissenschaftliche Forschung als intellektueller Prozeß neutral gegen ihre Bewertung nach „subjektiven“ Maßstäben sei und um ihrer „Objektivität“ (Sachlichkeit) willen auch bleiben müsse. Daß sich mit ihr aber *auch* andere Absichten und Motive verbinden, ist weder verwunderlich noch unvernünftig, wenn man bedenkt, welche Möglichkeiten erworbenes Wissen eröffnet. Die mit Hilfe der Wissenschaft zu gewinnende *„Macht“* des Menschen über Natur und Geschichte ist jedoch zweischneidig! Die Kernspaltung, ein großer Fortschritt der Physik, ist waffentechnisch zum Damoklesschwert des Jahrhunderts geworden. Es wäre nun unsinnig, es der Wissenschaft selbst bzw. den Forschern als Schuld anzurechnen, wenn von ihren Erfolgen schlechter Gebrauch gemacht wird; auch würde es dem Ethos europäischer Wissenschaft seit ihrem Ursprung in der griechischen Philosophie widersprechen, wenn man die Fortsetzung ihrer Forschung verbieten oder Geheimhaltung von neuen Erkenntnissen gebieten wollte, nur weil die dem Menschen durch sie zuteil gewordene Macht des Wissens gefährlich werden könnte; ganz abgesehen davon, daß Verbot und Gebot vermutlich wirkungslos bleiben würden.

Daß die *Wissenschaft eine Macht* im menschlichen Leben ist — und zwar heute eine der wichtigsten Produktivkräfte und sogar ein politischer Machtfaktor —, dürfte die Behauptung stützen, daß man die Frage, was Wissenschaft sei, *„nicht nur“* methodologisch und wissenschaftstheoretisch beantworten darf. Methodologie und Wissenschaftstheorie geben Auskunft über ihre logische Struktur und Verfahrensweise, d. h. über die Bedingungen ihrer „Wissenschaftlichkeit“. Soweit diese erfüllt werden, schreitet sie „auf sicherem Gange“ fort, der ihr *idealiter* vorgezeichnet ist. Aber dieser Weg zieht sich durch ein Gestrüpp vieler anderer Bedingungen ihres Gelingens hindurch, demzufolge ihr *faktischer* Prozeß dem logisch-idealen nur asymptotisch entspricht. Psychologische, technisch-ökonomische, soziale, politische, kulturelle Faktoren fördern und hemmen ihn. Jahrhundertelang hat die Wissenschaft um ihre *Freiheit* kämpfen müssen; heute ist sie ihr verbrieft. Aber Forschung ist in großem Umfang *„institutionalisiert“*

und damit verwickelt in ökonomische und politische Verhältnisse und Kämpfe. Es wird schon behauptet, sie sei in Gefahr, „manipuliert" zu werden, gerade weil ihr Verfahren an sich „wertneutral", d. h. methodologisch-objektiv ist, ihre Forschungsarbeit also verschiedensten Zwecken in der Gesellschaft dienen kann. „Wissenschaftlichkeit" wird zum Deckmantel partikulärer Interessen. Jürgen *Habermas* hat kürzlich darauf aufmerksam gemacht, in welchem Maße *„Technik und Wissenschaft"* schon zur *„Ideologie"* geworden sind (Edition Suhrkamp, 287, Frankfurt/M., 1968), und Erich *Rothacker* wies bereits 1927 nach, wie sehr die Methoden und methodologischen Streitigkeiten der Geisteswissenschaften durch „Weltanschauungen und Lebenskämpfe" bedingt sind.[39]

Philosophische Gedanken und Voraussetzungen im Selbstverständnis der Wissenschaften drücken sich auch in zwei bekannten Erscheinungen aus: in der Überzeugung einzelner Wissenschaften, die *„Grundwissenschaft"* und Haupterbin der Philosophie zu sein, wie es zeitweise die Physik, die Biologie, die Psychologie, die politische Historie und die Soziologie behauptet haben; sodann in der schroffen *Separation* einzelner Wissenschaften voneinander, etwa der Natur- und Geisteswissenschaften, bei der sie eine geradezu metaphysische Kluft zwischen sich aufreißen.

8. Die verständliche Meinung, wissenschaftliche Erkenntnis als solche brauche nicht nach der *Bedingtheit* ihrer Funktion im *geschichtlichen Dasein* des Menschen befragt zu werden, verkennt, daß es z. B. auch eine wechselseitige Entfremdung unter den Fachbereichen gibt, die tiefere Gründe als nur die Verschiedenheit der Methoden hat. Durch die blickverengende Spezialisierung reißt leicht die Verbindung mit den dringenden Zeitproblemen ab. Diese Gefahr wird freilich gemindert durch die zunehmende Verflechtung mit dem allgemeinen gesellschaftlichen Leben — die Nötigung zur *Kooperation* an Forschungsaufgaben, von deren Lösung der gesicherte Fortgang der Wissenschaft selber abhängt. Es kann nicht ausbleiben, daß dann Fragen zur Sprache kommen, die über das *wissenschaftlich Entscheidbare* hinausgehen, an deren Beantwortung aber auch die Forschung *„mitverantwortlich"* teilnehmen muß. Es hat sich schon gezeigt, daß z. B. weltweite Notzustände wie die Bevölkerungsexplosion, die

[39] Logik und Systematik der Geisteswissenschaften, in: Handbuch der Philosophie, hrsg. von A. Baeumler und M. Schröter, 1926; Nachdruck: Wiss. Buchges., Darmstadt 1970.

drohende (bzw. schon grassierende) Hungersnot, die Vergiftung von Wasser und Luft, Probleme der Stadt- und Siedlungsplanung usw., fast alle Fachbereiche auf den Plan rufen.

Damit wächst nun doch die Bedeutung des Einblicks in die interdisziplinäre „*Systematik*" und des Verständnisses dafür, daß die Philosophie sich ihrerseits nicht mit einer bloß formellen Übersicht über die gerade vorhandene Zahl der Wissenschaften und ihre konventionelle Gruppierung zufriedengeben kann. Ihr käme es darauf an, auch die *sozial-geschichtlichen Motive des Erkenntnisinteresses* zu berücksichtigen, dem diese und jene Einzelwissenschaften ihren Bestand und ihre Methodik verdanken — wie z. B. die Soziologie der Emanzipation der bürgerlichen Gesellschaft.[40] Die philosophische Reflexion hält sich für berechtigt daran zu zweifeln, daß wirklich alle möglichen Erkenntnisprobleme der geschichtlichen Existenz des Menschen in der Summe der gegenwärtigen Wissenschaften vertreten sind und vermutet, daß sie selber wie früher neue Probleme entdecken könnte, weil die Wirklichkeit reicher und tiefer ist, als es sich jeweils in der Vielzahl von Fachwissenschaften ausdrücken kann. Hiermit wird sie kaum einen Widerspruch von seiten der positiven Wissenschaften zu befürchten haben, wenn diese sich nicht den Vorwurf zuziehen wollen, selber eine „dogmatistische" Philosophie zu präsentieren, welche genau weiß, was erkennbar und wissenswert sei.

Die Philosophie wird aus den gleichen Gründen nicht erwarten, daß die positiven Wissenschaften sich in ihrer Gesamtheit als ein klar gegliedertes und lückenlos geschlossenes System darstellen und wird sich selber nicht anheischig machen, einen *Systemzwang* auszuüben. Zunächst wäre ihr nur daran gelegen, die heute übliche *Einteilung der Wissenschaften*, die als Ergebnis der geschichtlichen Entwicklung vorgegeben ist, daraufhin zu überprüfen, ob sie den inneren Differenzen zwischen den Sachbereichen und Methoden noch entspricht. Ein flüchtiger Blick in die Geschichte der Wissenschaft genügt schon, um darüber

[40] Vgl. Karl *Mannheim*, Art. Wissenssoziologie in: Handwörterbuch der Soziologie, hrsg. von Alfred Vierkandt, S. 659—680; dazu Bernhard *Glaeser*: Kritik der Erkenntnissoziologie, Frankfurt a. M. 1972; Jürgen *Habermas*: Zur Logik der Sozialwissenschaften, 1967; E. *Topitsch* (Hg), Logik der Sozialwissenschaften, 5. A., 1967; ferner Th. W. *Adorno*, Art. ›Gesellschaft‹ im Evangel. Staatslexikon, Stuttgart 1967, Sp. 636—642 und die Einleitung zum Sammelband: Der Positivismusstreit in der deutschen Soziologie (s. Anm. 5).

belehrt zu werden, wie sehr und aus wieviel verschiedenen Gründen die Gesichtspunkte der Systematisierung gewechselt haben, etwa seit der Vierteilung der *„Fakultäten“* an den mittelalterlichen Universitäten bis zum gegenwärtigen Umbau in *„Fachbereiche“*, dessen Schwierigkeit auf der Hand liegt, weil er kaum den verwickelten Überschneidungen, Kombinationen und wechselnden Kooperationsbedürfnissen (“team work” der “big science”) gerecht werden kann. Wiederum darf arbeitstechnische *Organisation* nicht mit wissenschaftstheoretischer *Disposition* verwechselt werden. Die gegenständliche Fixierung der *Naturwissenschaften* auf die Natur läßt sie noch als eine eindeutig bestimmbare „Gruppe“ erscheinen; ihre Methoden werden jetzt aber auch auf „kulturelle“ Phänomene angewandt, die bisher ausschließlich Problem der *Geisteswissenschaften* waren. Aber nicht einmal die Benennung *dieser* Gruppe ist unanfechtbar; sie hat sich in Deutschland unter der Nachwirkung der *Hegel*schen Philosophie durchgesetzt.[41]

Es konkurrierten mit diesem Namen am Ende des 19. Jahrhunderts die Bezeichnungen „Kulturwissenschaften“, „Zweckwissenschaften“ und „Humanwissenschaften“. Es gibt noch heute den Streit darüber, ob die formale Logik und die Mathematik eigentlich zu den Natur- oder Geisteswissenschaften gehören. Die Philosophie fragt: Welcher Begriff von „Geist“ ist hier maßgebend; oder welcher Begriff von „Kultur“ im Falle der *Ingenieurwissenschaften,* wenn man sie nicht in die „Universität“ aufnehmen wollte? Welche Bewertungsprinzipien machen sich hier geltend? Wenn die *Sozialwissenschaften* zu den Geisteswissenschaften gerechnet werden, dann darf man erkenntniskritisch fragen, ob ihre Methoden sich nicht ebensosehr von denen der *Philologie, Literatur-* und *Kunstwissenschaft* unterscheiden sollten wie von denen der Naturwissenschaft. In welche Gruppe sind ferner Wissenschaften einzuordnen, die eine höchst komplexe „Gegenständlichkeit“ thematisieren, deren Komponenten schon Problem einzelner Spezialwissenschaften sind, aber nun in einer neuen „diagonalen“ Hinsicht durchforscht werden, wie von der *Psychologie, Anthropologie* und *Geschichtswissenschaft?*[42] Ferner durchkreuzt die Einteilung in „*Formalwissenschaften*“ (z. B. Logik, Mathematik, Semantik, Kybernetik), *„Realwissenschaften“* und *„Normwissenschaften“* das ganze System

[41] Im französischen Sprachraum werden sie „lettres“, im englischen „humanities“ genannt und von „science“, d. h. Naturwissenschaft unterschieden.

[42] Die „Historik“ als Wissenschaftstheorie und Erkenntniskritik der Geschichtswissenschaft steht vor einer Fülle von philosophischen Problemen;

noch einmal unter einem anderen Gesichtspunkt. Schließlich ist der faktische Vollzug naturwissenschaftlicher Forschung nicht denkbar, ohne daß er sich in der *Kommunikation* der Forscher durch Wort und Schrift auch im gewissen Umfang der *Interpretationsmethoden* bedienen muß, die in anderen Wissenschaften direkt auf deren Gegenstand bezogen und in der Methodologie der *„Hermeneutik"* reflektiert werden. Ein „Verstehen" der Phänomene in dieser Bedeutung kommt freilich in den Naturwissenschaften bei der biologischen *„Verhaltensforschung"* in Frage, insoweit die Verhaltensweise von Lebewesen in gewisser Analogie zum animalisch-situationsbedingten Verhalten des Menschen „gedeutet" werden darf. Die Übergänge von einer Gruppe von Wissenschaften zu anderen sind so fließend, daß eine an ihren Namen orientierte Systematik stets gewaltsam erscheint, obgleich Natur, Technik, Wirtschaft, Staat, Kunst, Religion, Sprache usw. relativ wohlunterscheidbare „Gegenstände" bleiben.

9. Nun kann die Verschiedenheit der Erkenntnisarten („Wissensformen") und ihre Verflochtenheit miteinander, sodann die Verknüpftheit der in enzyklopädischer Überschau vorfindlichen Wissenschaften mit dem ganzen geschichtlichen Leben noch als erweiterte Problematik einer *„Wissenschaftstheorie"*, einer *„Soziologie des Wissens"*, einer *„Kultur-Anthropologie"* und der *„Kulturgeschichtsforschung"* angesehen werden. Gleichwohl drängt die kritische Reflexion über deren Fragestellungen hinaus. Denn in diesen Forschungsbereichen werden Grundbegriffe wie „Wissenschaft", „Gesellschaft", „Kultur" und „Geschichte" noch jeweils gesondert zum dominierenden Gesichtspunkt eines bestimmten Universalaspekts unseres menschlichen Daseins und seines „Welt-Horizontes". Dieser wird repräsentiert in den Perspektiven seiner *wissenschaftlichen Objektivierung*, seiner *gesellschaftlichen* Aktionsverhältnisse, seiner *lebensstilmäßigen* Struktur und seiner *geschichtlich* einmaligen Entwicklung. Die besonderen Gesichtspunkte heben die unterschiedlichen Dimensionen des Gesamtbezuges *„Mensch-Welt"* heraus, innerhalb dessen sie sich überschneiden und durchdringen. Dazu gehört stets auch die „Natur", und zwar nicht nur als „Gegenstand" der Naturwissenschaften! (Man denke an die positive und negative „Bewertung" der Natur und des „Natürlichen" im praktisch-ethischen, im ästhetisch-musischen und religiösen Bereich.)

vgl. in dieser Buch-Reihe Richard *Schaeffler*: Einführung in die Geschichtsphilosophie.

Mit der Frage nach der allgemeinen, prinzipiellen *Einheit* auch jener besonderen „Gesamtaspekte" der gesellschaftlich-geschichtlichen Wirklichkeit finden wir uns genötigt zum Übergang von einer zunächst noch vorwiegend erkenntnis- und wissenschaftskritischen zu einer sie überschreitenden philosophischen Reflexion, die der schon mehrmals erwähnten Notwendigkeit entspricht, die *„theoretische Vermittlung"* der Wissenschaften nach ihrem Verhältnis zu den in ihnen theoretisch objektivierten vor- oder nichtwissenschaftlichen Erlebens- und Tätigkeitsweisen zu befragen. Beruht die *Problematik* des systematischen Zusammenhanges der Wissenschaften vielleicht auf einer vorgegebenen Problematik des Verhältnisses jener — im weitesten Wortsinn — sogenannten „praktischen" Intentionen und wesenseigenen „Interessen" des gesellschaftsgeschichtlichen Lebens selber? Es schien sich zwar in den Wissenschaften eine *Interdependenz* unter ihnen anzudeuten — im Sinne einer komplementären Verwiesenheit aufeinander, — ja auch eines gewissen *„Prioritätsprinzips"* für jene „praktischen" Fälle, in denen — keineswegs immer verächtliche — Kompromisse zu schließen sind.

Es gibt aber auch *Konflikte,* die offenbar so etwas wie eine wesentliche Unverträglichkeit von „Vernunftinteressen" anzeigen und es sogar fragwürdig machen, ob eine sich bewährende und durchsetzende Einheit von „Natur" und „Geist", sowie des geistigen Lebens selber wenigstens von der Zukunft zu *erhoffen* sei. Die geschichtliche Wirklichkeit bietet einen Anblick, der immer wieder ernste Zweifel an der Wirksamkeit eines ihr innewohnenden Prinzips erweckt, das man sich unter der Idee eines *„Sinns und Ziels der Geschichte"* vorzustellen pflegt. Bekanntlich geht diese Idee zurück auf den alttestamentlich-prophetischen *Glauben* an das kommende „Reich Gottes" und hat sie sich im Zuge des neuzeitlichen Säkularisationsprozesses in den profanen *Fortschrittsglauben* verwandelt. Liegt aber nicht auf Grund der historischen Erfahrung, daß zwar keine geschichtliche Situation sich als die gleiche wiederholt, jedoch dieselben Probleme in der Geschichte immer wieder akut werden, der alte mythische Gedanke einer *„Ewigen Wiederkehr aller Dinge"* näher? Seit der Antike konkurriert diese „zyklische" Auffassung mit jener „teleologischen", teils in umfassender kosmologischer Gestalt (wie bei Fr. *Nietzsche*), teils in der Form der Behauptung von partiellen geschichtlichen Kreisläufen typischer Gesetzlichkeit (z. B. bei *Spengler*). Auch die Anerkennung eines relativen Fortschritts der Menschheit auf einigen Gebieten schließt nicht die Befürchtung aus, daß sie an anderen, schwierigeren Aufgaben ihrer erhofften „Selbstverwirklichung“ immer wieder scheitern werde. Ist vielleicht ein bis zur Widersinnigkeit des „Bösen“ steigerbarer *Seinskonflikt* das „Gesetz“, nach dem sie beim Aufbruch in die Geschichte angetreten ist?[43]

Daß Konflikte zwischen individuellen und sozialbedingten *subjektiven* Meinungen und Interessen unvermeidbar sind, läßt sich leicht aus den Behinderungen der jeweils gegebenen Umstände und Einstellungen erklären. Bedenklich stimmt nur die Tatsache, daß es auf keiner möglichen Grundlage — etwa der Moral, der Religion, der Wissenschaft oder der Philosophie — eine volle faktische *Übereinstimmung* über die objektiven *Kriterien* der Entscheidbarkeit von auftretenden Konflikten gibt, bzw. noch immer nicht gibt. Denn die Folge davon ist, daß auch gründlich und gewissenhaft überlegte Ansprüche und Interessen nicht nur unter den jeweils obwaltenden Verhältnissen einer besonderen geschichtlichen Situation, sondern offenbar dauernd und grundsätzlich in einen Verbindlichkeits-Konflikt miteinander geraten! Wir wissen auch, daß *neue* Ansprüche stets auf den Widerstand des Gewordenen und faktisch Geltenden stoßen, dessen „revolutionäre Veränderung“ sie fordern müssen.[44] Es geschieht zwar oft, daß das Bestehende schließlich doch an der Berechtigung neuer Erkenntnisse, Ideen und Postulate zerbricht, aber ebensooft, daß deren Verfechter überwältigt werden. In Erinnerung an den Tod des *Sokrates* läßt *Platon* im Dialog über den „Staat“ (St. 361/2) den Glaukon sagen, wenn der wahrhaft „gerechte Mann“ erschiene, so werde er „gegeißelt, gefoltert, gebunden, mit Feuer geblendet und schließlich nach all diesen Leiden ans Kreuz geschlagen werden“ (vgl. auch *Goethe*: „Faust“ I, Vss. 588—593).

10. Nicht nur in der sprachlichen Verlautbarung, sondern auch in ihrer begrifflichen Fassung nehmen die miteinander streitenden Argumente eines Konflikts die Form von *Widersprüchen* an.

[43] Unabhängig von der Tradition des theologischen Begriffs der Erbsünde finden sich fatalistische Gedanken dieser Art z. B. bei Theodor *Lessing*: Europa und Asien. Der Untergang der Erde am Geist, 1916; Ludwig *Klages*: Der Geist als Widersacher der Seele, 1929/32; A. *Seidel*: Bewußtsein als Verhängnis, 1927; Jean Paul *Sartre*: L’Être et le Néant, 1943, und Albert *Camus*: Le Mythe de Sisyphe, 1942.

[44] Vgl. dagegen die „lebensphilosophische“ Deutung bei Georg *Simmel*: Begriff und Tragödie der Kultur, in: Philosophische Kultur, 2. A., Leipzig 1919, S. 223 ff.

Im Rahmen dieser nur auf die elementare Entfaltung der philosophischen Probleme begrenzten Darstellung dürfen unter „Widerspruch" ohne genauere Differenzierung die logischen Formen der „Kontradiktion", „Opposition" (Gegensatz), „Antithetik" (Antinomie; s. *Kant*!) und des „Antagonismus" subsumiert werden. Wir befassen uns auch aus den genannten Gründen nur mit den „objektiven" Widersprüchen, in die sich die „Vernunft" anscheinend selber mit ihren je selbständigen Grundprinzipien, Forderungen, Kriterien und „autonomen" Instanzen verstrickt (vgl. *Kant*!). Da diese sich unvermeidlich mit den subjektiv bedingten Konflikten verbinden, so verschärfen sie deren Härte bis an die Grenze möglicher Schlichtung überhaupt; dann scheint als „ultima ratio" der Entscheidung — wie Erfahrung lehrt — nur die kämpferische Machtprobe zu bleiben, die doch nur gleichbedeutend ist mit dem *Scheitern der Vernunft*. Ohne deren Einheit in der „Idee des Guten" hätte freilich — um mit *Platon* zu reden — das „gute Leben" (Politeia, St. 330 E f., 347 E, 360 D ff., 576 C ff.) des gesellschaftlichen Daseins keine begründete Aussicht auf eine wenn auch noch so ferne Verwirklichung. Die irritierende Wirklichkeit der von Sinnwidrigkeiten durchkreuzten Geschichte *scheint* gegen die Ermöglichung einer befriedigenden und befriedenden Lösung zu sprechen. Verfügbare Gewalt entscheidet immer wieder in Konfliktsfällen anläßlich sich widersprechender „vernünftiger" Weisungen und Folgerungen — beispielsweise denen einer technologischen, politischen oder militärischen „Zweckrationalität", und Forderungen, welche die Sozialethik oder der zweckfreie, subjektive Anspruch auf glückvolle Selbstentfaltung und musische Betätigung stellen.[45]

Nicht zuletzt das philosophische Denken hat sich aber mit diesem Befund nicht zufriedengeben wollen; es hat sich nicht ausnahmslos entmutigen lassen, nach Erkenntnissen zu suchen, welche die anstößigen Widersprüche wenigstens für eine tiefer in die noch nicht bewußt gewordene Struktur des Geistes eindringende Reflexion wenigstens *„begreiflich"* machen. Wenn es ihr darüber hinaus auch um die *Lösung* der Widersprüche ging, dann war die Frage nicht zu umgehen, ob vielleicht in *einer* der Sinndimensionen unseres Daseins, nämlich der

[45] Vgl. hierzu Joh. *Huizinga*: Homo Ludens, Amsterdam, 8. A. 1940; Eugen *Finck*: Oase des Glücks. Gedanken zu einer Ontologie des Spiels, Freiburg/München 1957; Ingeborg *Heidemann*: Der Begriff des Spiels und das ästhetische Weltbild in der Philosophie der Gegenwart, Berlin 1968.

religiösen, schon eine Grundhaltung des Menschen anzutreffen ist, der die Widersprüche nicht mehr unaufhebbar und unversöhnbar scheinen müssen. Diese *religionsphilosophische* Frage — vorausgesetzt, daß man sie heute noch für „zeitgemäß" hält — könnte aber nur dann dem wahren Interesse einer selbstkritischen Vernunft entsprechen, wenn sie der Gesamtfrage nach dem Wechselbedingungs-Verhältnis aller Sinndimensionen und Aspekte der Welt menschlicher Existenz eingeordnet würde. — Die philosophische Reflexion hat jedenfalls zureichenden Grund für *systematische Problemstellungen,* weil deren Berechtigung und Dringlichkeit angesichts der besprochenen Konsequenzen schwerlich bezweifelt werden können.

Wenn die Resultate in Gestalt der philosophischen *Systeme* meist fragwürdig erscheinen und insbesondere die allzu subjektiv konzipierten Konstruktionen dieses Vorhaben der Philosophen in den Verdacht der Willkür und Vergeblichkeit gebracht haben, so wird man gut tun, systematische Reflexion nicht ohne weiteres mit Systembildung zu identifizieren! Die Schwierigkeit einer Beantwortung der Frage nach dem sachlich begründbaren systematischen Verhältnis der je für sich eigengesetzlichen Vollzugsweisen des geistigen Lebens liegt wohl besonders darin, daß sie (einschließlich ihrer je aktuellen Widersprüche) in jeder geschichtlichen Gesellschaftsformation (bzw. Kultur) und jeder Epoche schon in einer bestimmten, habituell gewordenen *Konstellation* zueinander stehen, deren Gültigkeit leicht überschätzt oder mit ebenso zeitbedingten Kriterien angefochten werden kann. Immerhin hat man auch den Gedanken vertreten, die uns historisch und momentan bekannten Erkenntnisarten, Sozialformen, ästhetischen Gebilde und Religionen seien Hervorbringungen einer unbegrenzt variablen, schöpferischen Spontaneität des Bewußt-seins — herausgefordert von einer ebenso irrationalen und variablen Erfahrung. Sosehr gerade die fundamentale Vollzugsweise des geistigen Lebens, nämlich die formenreiche *Sprachlichkeit* des Menschen, diese anthropologische Auffassung zu stützen scheint, — man könnte gegen sie auf die temporalen und globalen *Konstanten* nicht nur in den linguistischen, sondern auch in allen anderen kulturellen Strukturen hinweisen. Diese Konstanz der Sinndimensionen spricht für ihre in der menschlichen „Natur" gründende Notwendigkeit und ermutigt die *Frage* nach deren je-gegenwärtig manifestierten Einheit.

11. Nun zeigte wohl das im historischen Teil kurz behandelte Beispiel von *Kants* Auflösung des Antinomien-Problems in der *„Dialektik*

der reinen Vernunft", daß eine kritische Aufklärung der Vernunft über sich selber nicht grundsätzlich aussichtslos sei. (Auch an die Ausführungen über die „Dialektik des Bewußtseins" S. 88 ff. darf erinnert werden.) An *Kant* knüpfte der „Deutsche Idealismus" an, dessen *dialektische Methode* der „absoluten Reflexion" in diesem Zusammenhang unser besonderes Interesse verdient, weil sie gerade die *Widersprüche*, welche die innere Einheit der Vernunft in Frage zu stellen scheinen, zu *systembildenden Prinzipien* werden ließ, und zwar als solche des „logischen" und geschichtlichen Prozesses der Selbstbewußtwerdung und Selbstbefreiung der Vernunft.

Wie immer man sich kritisch zum spekulativen Idealismus verhalten mag, *eine* grundsätzliche Forderung des dialektischen Verfahrens wird man akzeptieren müssen, nämlich daß *Widersprüche*, auf die das Denken in seiner *Sache selber* stößt, *weder ignoriert noch* mit Berufung auf den formal-logischen Satz vom (zu vermeidenden) Widerspruch unbedingt zugunsten einer These oder Antithese *entschieden, noch* ohne weitere Versuche kritischer Reflexion für *unlösbar* erklärt werden dürfen. Auch eine „negative Dialektik" (Th. W. *Adorno*) löst neue Fragen aus! Ob freilich die „spekulative" Voraussetzung der dialektischen „Identität" von Sein und Bewußtsein übernehmbar und die zur *Universalmethode* der Philosophie erhobene Dreitaktfolge der Begriffe von daher die einzig mögliche sei, ist eine der Fragen, die man in der gegenwärtigen Philosophie lebhaft diskutiert. Es soll versucht werden, diese Problematik an nicht allzu schwierigen Beispielen zu erläutern und zu begründen.

Hegels — *anscheinend* unmißverständlich formulierter — Anspruch, mit der dialektischen Methode die logische und historische Aufeinanderfolge von These, Antithese und Synthese als Phasen der Selbstentwicklung des Geistes in den Begriff des absoluten Wissens erhoben und damit in seinem System selber zur vollendeten Versöhnung gebracht zu haben, erfuhr schon bald Kritik und Widerspruch auch von seiten derer, die den Reichtum der Erkenntnis in seiner Philosophie anerkannten und würdigten. Es waren insbesondere die Historiker (z. B. *Ranke*), welche die Unabgeschlossenheit der *historischen Erfahrung*, auf die *Hegel* sich stützen mußte, gegen ihn ausspielten und den Gedanken einer Systematisierung der Geschichte in einer „endgültigen" Auslegung ihres „Sinns und Ziels" verwarfen. Ihnen mußte auch die Philosophie in diesem Punkt zustimmen — u. a. in der Weise, wie der alte *Schelling* dem System *Hegels* vorwarf, in ihm habe er den irrationalen Einschlag der raum-zeitlichen Faktizität des Geistes zugunsten des rational Allgemeinen unterschätzt. Dagegen ließ sich *Hegels* Philosophie des Geistes eine philosophische Reflexionsweise entnehmen, deren Methode dialektisch ist, insofern sie die uns aus dem *Kant*-Kapitel bekannte scharfe Entgegensetzung der empirisch-genetischen und der transzendental-logischen Fragestellung im konkreteren Begriff der *Geschichte des Geistes* „aufhebt". Mit ihr ist mehr gemeint, als das Faktum seines kumulativen „Fortschritts" auf dem Wege zur Wahrheit; er ist nach *Hegel* vielmehr zu aller Zeit, ihrer jeweiligen Bewußtheit entsprechend, schon „in der Wahrheit". (Wir werden auf die Problematik dieses dialektisch-geschichtlichen Wahrheitsbegriffs später noch zurückkommen.)

12. Man kann diese methodologische Konzeption freier auslegen, als es in der Systematik *Hegels* geschieht und wir haben es in den Reflexionen über die Wissenschaft, ihre Geschichte und ihre gegenwärtige Situation schon getan. Jetzt gehen wir mit ihr an ein Beispiel aus der Philosophiegeschichte heran. Es war oben davon die Rede, daß die kritische Problemstellung *Kants* erst durch die *Widersprüche*, in die sich die Vernunft verstrickt hatte, und durch die empiristische *Skepsis Humes* ausgelöst wurde. Eine andere Seite der geschichtlichen Bedingtheit seiner Problemsituation macht sich im *Stand der Wissenschaft* geltend, den *Kant* als „Faktum" zur Voraussetzung seiner transzendental-kritischen Untersuchung machen mußte. In seiner „Analytik" des Verstandes verläßt sich *Kant* auf ein geschlossenes System von „Kategorien", das sich aus der traditionellen Urteilslehre der *formalen Logik* ableiten ließ. Aber diese Logik war schon zu seiner Zeit nicht mehr „seit *Aristoteles*" so „geschlossen und vollendet", wie *Kant* annahm; sie hat seitdem auch wider sein Erwarten manchen großen „Schritt vorwärts ... tun können" (vgl. Kr. d. r. Vernunft, Vorrede zur 2. Aufl.). Auch wurde oben bereits erwähnt, daß der „mechanistische" *Kausalbegriff* der Newtonschen Physik jetzt insofern überholt ist, als er auf Massenerscheinungen eingeschränkt werden mußte; die gleiche Einschränkung der „apriorischen Unbedingtheit" mußte sich inzwischen *Kants* Lehre von *Raum und Zeit* gefallen lassen.[46]

[46] Die Revision von *Kants* Raum- und Zeitlehre betrifft nicht Mathematik und Physik allein, sondern auch die „praktische" Philosophie, also Ethik, Historiographie und Geschichtsphilosophie, ebenso Kunsttheorie (Ästhetik), Psychologie und Theologie.

Die philosophische Reflexion hat also begründeten Anlaß zu einer „dialektischen Synthese" von transzendentaler „Kritik" und historischer Erforschung der Herkunft von Begriffsinhalten, die für die Tragweite des Ergebnisses der transzendental-logischen Kategorialanalyse nicht belanglos sind! Geht man mit solchen Fragen immer weiter zurück, dann wird man zuletzt auf *Bedingtheiten* der menschlichen Erkenntnis stoßen, die ihre Wurzel in der physisch-biologischen Ausstattung des Menschen und der „Perspektive" seines Aufenthaltsorts auf dem irdischen Planeten haben. Wenn wir heute überzeugt sind, über diese natürlichen Bedingungen besser Bescheid zu wissen als Altertum und Vorzeit, so verdanken wir das u. a. der naturwissenschaftlichen Forschung, welche bereit war und den Mut hatte, es mit der *Dialektik des Augenscheins* bzw. der „sinnlichen Gewißheit" *(Hegel)* aufzunehmen. Die heliozentrische Theorie des *Aristarch* (um 280 v. Chr.) vermochte sich gegen den Vorwurf der „Gottlosigkeit" damals noch nicht durchzusetzen. *Kopernikus* stieß auf den gleichen Widerstand bei seinen Zeitgenossen. Auch *Kepler* gab nur widerwillig die Vorstellung von den „vollkommenen" Kreisen auf, in denen sich die Planeten um die Sonne bewegen sollten, weil sie nicht mit der genaueren Beobachtung zusammenstimmte. Nach der Anerkennung des „revolutionären" heliozentrischen Systems und der „Himmelsmechanik" trat ein neues *Modell* der Kosmologie an die Stelle der Platonisch-Aristotelischen „Welt-Sphären": das des mathematisch-mechanisch exakt funktionierenden, von Gott erschaffenen und in Bewegung gesetzten „Uhrwerks" der Welt. Dieses wurde wieder Vorbild für die liberalistische „politische Ökonomie" des « laissez faire, laissez aller » und die rationalistische Staatstheorie des Absolutismus und seiner Politik ("balance of power").[47]

Wir kennen die naturbedingte „Subjektivität" unserer Erfahrung und der „anthropomorphen" Modellbildungen in *allen* Lebensbereichen. Sie veranlaßt buchstäblich *welt-„anschauliche" Vorurteile*, die zwar auch in die Grundbegriffe der Wissenschaft eingehen, aber doch im Fortgang der Forschung von ihr selber „korrigiert" werden. Es ist anthropologisch-historische Forschung nötig, um zu begreifen, daß und warum *mit Recht* für „wahr" gehalten werden konnte, was

[47] Auf den „Kopernikanischen Choc", den das Selbstbewußtsein des Menschen erlitt, folgten im 19. Jahrhundert die Ernüchterungen durch den historischen Materialismus, den Darwinismus und die Psycho-Analyse.

nunmehr als Irrtum oder Vorurteil durchschaut worden ist. Aber dieses „Verstehen" vollzieht sich *dialektisch,* insofern doch nur unter logisch-methodischer Voraussetzung ihrer *„provisorischen" Gültigkeit* die anthropologisch-historische Forschung *selber* betrieben werden kann. Mit speziellem Bezug auf die Physik schreibt C. Fr. *von Weizsäcker* (›Philosophische Fragen der Naturwissenschaft‹, in: Merkur, XII. Jahrgang, 1958, Heft 9, S. 804): „Wenn wir den Menschen von der Natur her verstehen, der er entstammt, dann gebrauchen wir die Begriffe, mit denen wir über die Natur nachdenken, um etwas über den Menschen zu erfahren. Wenn wir aber die Naturwissenschaft als etwas verstehen wollen, das in der Geschichte der Menschheit selbst entstanden und dessen Begrifflichkeit eine Folge ganz bestimmter historischer Bewegungen ist, dann verstehen wir die Naturwissenschaft vom Menschen her. Dieser Zirkel ist kein circulus vitiosus[48], sondern ein Zirkel wirklicher gegenseitiger Abhängigkeit." Der Mensch ist eben kein „transmundaner" (außerweltlicher) Geist, der die wirkliche Welt wie von einem außerräumlichen und außerzeitlichen Ort aus — „sub specie quadam aeternitatis" *(Spinoza)* — betrachten und erkennen könnte; er lebt inmitten der ihn umgreifenden und durchgreifenden Wirklichkeit; aber *als* Erkennender tritt er in eine *gedankliche Distanz* zu ihr und vergrößert sie in der logisch-methodischen Reflexion auf Prinzipien, dank denen er sich seiner *Positions- und Situationsbedingtheit* fortschreitend bewußter werden und sie in die inhaltlichen Bestimmungen der Erkenntnis einkalkulieren kann. Das Wissen um diesen dialektischen Prozeß philosophischer Reflexion, in welchem immer der „Anfang" schon „Resultat" und das Resultat wieder Anfang ist, hatte *Hegel* im Auge, wenn er vom „absoluten Wissen" sprach, jener höchsten, „konkretesten" (!) Reflexionsform, in der jeweils „eine Zeit" sich „in Gedanken erfaßt".[49] In seiner ›Phänomenologie‹ heißt der dialektische Prozeß „die Erfahrung des Bewußtseins von sich selber". Daraus folgt: Ein einzelnes, (vermeintlich) „geschlossenes" *System* ist vergänglich und kann nicht konserviert werden; aber nur das *Wagnis* einer „systematischen Synthese", in welcher der *je gegenwärtige „Stand" der Forschung und Besinnung* ausgesprochen wird, schafft auch einen provokativ fruchtbaren Anknüpfungspunkt für die weitere Arbeit an ihrer offenen Problematik.

[48] D. h. ein Beweis mittels Prämissen, die das zu Beweisende schon voraussetzen.

[49] Philosophie des Rechts, WW, Jubil. Ausg., 7, 35.

13. Zu den oben vorgeführten Bedenken gegen die „universale" und „systematische" Aspiration der Philosophie läßt sich jetzt folgendes sagen. Ohne Bezug auf die von den Fachwissenschaften erarbeitete *„Sachkenntnis"* hätte die philosophische Reflexion keinen Widerpart, vor dessen Anspruch sie sich als eine gehaltvolle, *„substantielle" Besinnung* bewähren soll. Die von ihr anzueignende Sachkenntnis muß aber keineswegs bis in alle Einzelheiten hinein vollständig sein; worauf es ankommt, ist erstens, zu wissen, wie (mit welchen Methoden) sie überhaupt gewonnen wird, und zweitens, auf welchen für das Verständnis der Sache entscheidenden Aussagen das Hauptgewicht für die nach deren Eigengesetzlichkeit fragende, kritische und systematische Reflexion liegt. Eine universale Vertrautheit mit allen Wissenschaften ist für die philosophische Reflexion ebenfalls nicht unbedingt erforderlich, weil erstens eine Konzentration derselben auf einen beliebigen Fragenbereich, je nach Kenntnis und Interesse, arbeitsteilig möglich ist, und weil zweitens für die philosophische Reflexion jeder beliebige Fragenbereich zu einem Felde wird, auf dem sich *alle* bekannten oder erdenklichen Erkenntnis- und Seins-Dimensionen in bestimmter Komplexität schneiden. Es versteht sich aus denselben Gründen, daß die substanzielle Reflexion kein Reservat oder Privileg der „Fachphilosophen" sein muß.

B. Probleme des Selbstverständnisses der gegenwärtigen Philosophie

1. Die in kritischer Auseinandersetzung mit dem Positivismus vorzubringenden Argumente für die Notwendigkeit der philosophischen Reflexion leiteten bisher auch die Erörterung ihrer *möglichen Aufgaben* und *Methoden.* Sie muß nun im letzten Teil ergänzt werden. Denn auch, wenn einige Hauptprobleme des gegenwärtigen Selbstverständnisses der Philosophie geklärt werden konnten, so sind doch viele sich ihm aufdrängende Fragen noch unerledigt geblieben. Als die wichtigsten im Sinne dieser Einführung sollen uns diejenigen nach dem Grunde der Vielfalt philosophischer *Methoden* sowie nach dem Begriff der philosophischen *Wahrheit* und ihrem Verhältnis zur *Sprache* und *Geschichte* jetzt noch beschäftigen.

Dabei geht es ganz allgemein um die Einsicht, daß und warum die Erkenntnis der Philosophie nicht mit denselben Kriterien der „Objektivität", der „Richtigkeit", des „Erfolges" und des „Fortschritts" beurteilt werden kann, wie sie für die Einzelwissenschaften gelten. In diesem Sinne ist *die Philosophie sich selber Problem,* und es darf nicht als ein Mangel oder Zeichen ständigen Versagens angesehen werden, daß sie sich schon im Laufe ihrer Geschichte wiederholt mit der *Skepsis* an ihrer eigenen Leistung auseinanderzusetzen hatte und die großen, „Epoche" machenden Denker den Versuch unternahmen, ihr eine neue Grundlage zu verschaffen, ein neues Verfahren einzuschlagen und so gewissermaßen ganz von vorn wieder anzufangen. Die im Zusammenhang mit den Ausführungen über die dialektische Reflexion erwähnte geschichtliche Veränderung der *„geistigen Situation"*, in welcher jeweils die Philosophie ihre eigene universelle und radikale Fragestellung durchdenken und ausrichten muß, erlaubt ihr keinen an *eine* Methode ein für allemal fixierten „sicheren Gang"; sie fordert das Denken zur Entdeckung neuer Wege heraus. Eine Zeitlang konnten Methoden, wie die ausführlicher dargestellte „transzendental-kritische" Methode *Kants* oder die „Ideal- und Realdialektik" *Hegels* und *Marx'*, ferner die „phänomenologische" Methode Edmund *Husserls* und ihrer „ontologischen" (Nic. *Hartmann*), „anthropologischen" (Max *Scheler*) und „existenzialen" (Martin *Heidegger*) Fortbildungen Schule machen. Für die Arbeit an neuen speziellen Problemen bleiben vermutlich bis auf weiteres „hermeneutische", soziologische, „strukturalistische"[50] und „sprachanalytische" Methoden zuständig.[51] Der gegenwärtige *„Pluralismus" philosophischer Methoden*, der sich in den *„Schulrichtungen"*[52] widerspiegelt, ist trotz der z. T. heftigen Kontroversen kein Beweis für eine „Verlegenheit" der Philosophie, sondern ein Erweis für die innere, substantielle Vielfalt ihrer Probleme. Daß viele dieser Methoden auch in den Einzelwissenschaften gebräuchlich sind und sie oft erst etabliert haben, steht nicht im Widerspruch zur Eigenart der philosophischen Reflexion, spricht vielmehr für ihre faktische *Verbundenheit*

[50] Vgl. dazu Günther *Schiwy*: Der französische Strukturalismus, rowohlts deutsche enzyklopädie, Hamburg 1969.

[51] Nachdrücklich sei an dieser Stelle auch auf die lange verkannten Grundgedanken des Begründers der *„pragmatistischen"* Philosophie, Charles S. *Peirce* (1839—1914), hingewiesen. Vgl. jetzt den Kommentar von Klaus *Oehler* zu dessen Schrift: Über die Klarheit unserer Gedanken (1878), dt. Übers., Frankfurt 1968.

[52] Über diese „Schulrichtungen" der Philosophie s. Literaturverzeichnis unter 2; dazu: Helm. *Fahrenbach,* Positionen und Probleme gegenwärtiger Philosophie, in: Theolog. Rundschau, Neue Folge, I. Teil, 33. Jahrgang, 1967, Heft 3; II. Teil 1970, Heft 4 und 1971, Heft 2 und 3.

mit der „positiven" Forschung. Sie konnte sich lockern — besonders, wenn die Metaphysik als „Grundwissenschaft" sich für befugt hielt, den Wissenschaften Vorschriften zu machen —, und sie mag sich in neuerer Zeit bis zur „Entfremdung" gelockert haben, weil die Philosophie es allzulange unterließ, über die durch die Mündigkeitserklärung der positiven Wissenschaften veränderte Lage kritisch zu reflektieren. So konnte der *Positivismus* als vermeintlich unphilosophische und antimetaphysische Wissenschaftstheorie das Feld der Reflexion um so mehr behaupten, als er auf dem Gebiet der Naturwissenschaften eine überaus wichtige und fruchtbare Arbeit leistete. Es sei noch einmal daran erinnert, daß auch die Einzelwissenschaften, besonders anläßlich akuter *„Grundlagenkrisen"*, ihre Voraussetzungen überprüfen müssen. So sind z. B. in der Physik kennzeichnend für einen neuen philosophischen Ansatz solche Aussagen wie die von Werner *Heisenberg*: „Gegenstand der naturwissenschaftlichen Erkenntnis ist nicht die Natur, sondern unsere Kenntnis von ihr. Diese Erkenntnis verschafft uns nicht eigentlich ein Bild von der Natur, sondern ein Bild unserer Beziehungen zu ihr." Denn: „Gegenstand der Forschung ist nicht mehr die Natur an sich, sondern die der menschlichen Fragestellung ausgesetzte Natur." „Wir stehen von Anfang an in der Mitte der Auseinandersetzung zwischen Natur und Mensch, von der die Naturwissenschaft ja nur ein Teil ist, so daß die landläufigen Einteilungen der Welt in Subjekt und Objekt, Innenwelt und Außenwelt, Körper und Seele nicht mehr recht passen wollen und zu Schwierigkeiten führen" (Das Naturbild der heutigen Physik; Hamburg, 1955, S. 21). C. Fr. *v. Weizsäcker* formuliert ganz knapp, „daß die Naturwissenschaft nicht komplett werden kann, wenn die Frage: Was ist der Mensch? nicht beantwortet ist" (Atomenergie und Atomzeitalter; Frankfurt a. M., 1957, S. 60). Fügen wir noch eine Aussage des Physikers Erwin *Schrödinger* hinzu, der „die Naturforschung als einen Teil unseres Strebens" ansieht, „um über uns selbst ins klare zu kommen: Isolierte Erkenntnis, wie sie von dem Spezialforscher auf einem engen Fachgebiet erworben wird, hat also (in dieser Hinsicht) für sich allein nicht den geringsten Wert ... Ihren Wert erhält sie erst in der Synthese mit allem übrigen Erkennen und Denken, Tun und Streben und nur, soferne sie in dieser Synthese beiträgt zur Beantwortung der ... Frage: Wer sind wir denn eigentlich?" (Naturwissenschaft und Humanismus, Wien, 1951, S. 5 und 14). Das sind Beispiele für das Bestreben der Wissenschaft, den Kontakt mit der Philosophie wieder enger zu knüpfen.

2. Wieweit sind aber nun die philosophischen Methoden denen der wissenschaftlichen Forschung noch vergleichbar, also inwieweit unterliegen auch sie der Forderung der logisch-theoretischen Legitimation und sachgebundenen Verifikation? Oder welches sind die Kriterien ihrer *Bewährung*? Ein eindrucksvolles Beispiel für die Berechtigung dieser Frage war das Vorhaben Edmund *Husserls*, mit seiner phänomenologischen Methode die Philosophie zu einer *„strengen Wissenschaft"* zu machen[53], nämlich zu einer *„universalen Wissenschaft aus absoluter Begründung"* (Pariser Vorträge, 2. A., 1963, S. 38). Diese Hoffnung *Husserls* stieß jedoch auf die ihr widersprechende, allgemeine Überzeugung von der konkret-geschichtlichen Bedingtheit *auch* jeder transzendentalen Phänomenologie des „reinen Bewußtseins". Enttäuscht bekannte *Husserl*: die Idee einer Philosophie als strenger Wissenschaft, „... der Traum ist ausgeträumt"[54]. Dem phänomenologischen Reduktionsverfahren *Husserls* gegenüber gilt dann von vornherein die („existenziale") *Geschichtlichkeit* des verstehenden und handelnden („besorgenden") menschlichen „In-der-Welt-Seins" (— was hier nicht (nur) „räumlich" gemeint ist —) als *„ursprüngliche Seinsverfassung"* des „Daseins" in *Heideggers* ›Sein und Zeit‹ (1927). In seiner Spätphilosophie führt *Heidegger* die Geschichtlichkeit zurück auf ein *„Seins-Geschick"*, das unabhängig von allen innergeschichtlichen, „geistesgeschichtlichen" Bedingungen und Faktoren über das metaphysische *„Seins-Verständnis"* des Menschen (die „Ontologie") verfügt.

3. Einer Philosophie als „strenger Wissenschaft" setzt *Heidegger* darum ein Denken von anderer „Strenge" entgegen. Schon im ›Brief über den

[53] Vgl. Edmund *Husserl*, Philosophie als strenge Wissenschaft, in: Zeitschrift Logos, Bd. I, 1910, sowie die späteren Schriften bis in die 30er Jahre. — Dazu: Ludwig *Landgrebe*, Phänomenologie und Geschichte, Wiss. Buchges., Darmstadt 1968; Alwin *Diemer*, Die Phänomenologie und die Idee der Philosophie als strenge Wissenschaft, in: Zeitschr. f. philos. Forschung, XIII, 2, 1959; Wilh. *Szilasi*, Einführung in die Phänomenologie Edmund Husserls, 1959. — „Logistisch" begründete Heinrich *Scholz* Die Metaphysik als strenge Wissenschaft, 1941, Nachdr.: Wiss. Buchges., Darmstadt 1963.

[54] Notiz *Husserls* aus dem Jahre 1935, veröffentlicht in: Die Krisis der europäischen Wissenschaften, Husserliana VI, hrsg. von W. Biemel, Den Haag, 1954, Beilage S. 508; — vgl. zum Ganzen auch den Aufsatz: Philosophie als strenge Wissenschaft? von Elisabeth *Ströker*, in: Philosophia naturalis, Bd. VIII, Heft 4, S. 377—396.

Humanismus‹ (1947) lesen wir: „Es ist an der Zeit, daß man sich dessen entwöhnt, die Philosophie zu überschätzen und sie deshalb zu überfordern. Nötig ist in der jetzigen Weltnot: weniger Philosophie, aber mehr Achtsamkeit des Denkens ... Das künftige Denken ist nicht mehr Philosophie, weil es ursprünglicher denkt, als die Metaphysik, welcher Name das gleiche sagt" ... „Das künftige Denken kann aber auch nicht mehr, wie *Hegel* verlangte, den Namen der « Liebe zur Weisheit » ablegen und die Weisheit selbst in der Gestalt des absoluten Wissens geworden sein." Auf *Heideggers* These vom *„Ende der Philosophie"*, die demnach wesentlich andere Gründe als die bisher behandelten hat, müssen wir darum in der kritischen Erörterung der „Möglichkeit", d. h. der Verfahrensweise und des Wahrheitsanspruchs philosophischer Reflexion etwas genauer eingehen. *Heidegger* will die *„abendländische Metaphysik"* *„überwinden"* (bzw. *„verwinden"*), weil sie in einem „gegenständlich *Seienden*" die Antwort auf die Frage nach dem *„Sein"* von Welt und Mensch suchte, anstatt zuvor nach dem *„Sinn"* von *„Sein"* zu fragen.[55] *Heidegger* betont in seinen späten Schriften,[56] daß der Sinn des Wortes „sein" den im metaphysischen und wissenschaftlichen „Vorstellen" herrschenden Begriff von „Anwesenheit" bzw. „Vorhandenheit in Raum und Zeit" übersteigt — aber nicht ins „Leere" eines „allgemeinsten Begriffs überhaupt", sondern in die Dimension eines sich entbergend-verbergenden „Urphänomens" — wie er es einmal mit der bekannten Wortprägung *Goethes* nennt (Zur Sache des Denkens, S. 72). Was ist damit gemeint? *Heidegger relativiert das Seinsverständnis,* das sich im neuzeitlichen „Subjektivismus" (s. o. S. 55) vollendet hat, — dem das Sein des Seienden als ein vom Denken (Verstand und Vernunft) „Gesetztes" und damit von ihm als methodisch (und praktisch) beherrschbares

[55] Nach *Heidegger* haben sich mit *Hegel* und *Nietzsche* die „Wesensmöglichkeiten" der „abendländischen Metaphysik" erschöpft; was aber ausstehe, sei der „Schritt zurück" in das, „was ungedacht" blieb.

[56] Vom Wesen der Wahrheit (1943), Platons Lehre von der Wahrheit (1947), Einführung in die Metaphysik (1953), Was ist Metaphysik? (1951), Was heißt denken? (1954), Was ist das, — die Philosophie? (1956), Der Satz vom Grund (1957), Zur Sache des Denkens (1969); — zur Kritik an Heidegger vgl. E. *Tugendhat*: Zum Verhältnis von Wissenschaft und Wahrheit, in: Collegium Philosophicum, Joachim Ritter z. 60. Geburtstag. Basel/Stuttgart 1965, S. 389—402; zu *Heideggers* Entwicklung: O. *Pöggeler*, Der Denkweg M. Heideggers, 1963.

„Objekt" gilt. Darin habe sich zwar *ein* möglicher Sinn von „Sein" „gelichtet" — jedoch auf Kosten der Verborgenheit anderer Bedeutungen, die im überhellen Licht dieser Vorstellung verschattet und „vergessen" wurden. Diese *„Seinsvergessenheit"* wirke sich als „objektivierender" *„Nihilismus"* aus — als hereinbrechende Sinnlosigkeit des Daseins des Menschen selber in einer total berechenbaren, dem technischen Machtwillen unterwerfbaren Welt.[57]

Heideggers „vor-läufiges" *„Denken an"* die Transzendenz des Seins und ihm gegenüber die Bemühung um strenge Wissenschaftlichkeit der Philosophie kann man als die beiden *Pole* bezeichnen, zwischen denen sich heute die philosophische Reflexion bewegt, insofern beiden Intentionen auch eine unterschiedliche Auffassung von der *Wahrheit* entspricht. Die „ursprünglich" zu denkende „Wahrheit" ist nach *Heidegger* nicht an methodische Beweisbarkeit gebunden, sondern ist die allem Denken und Begreifen zuvor zugeeignete („ereignete") *„Unverborgenheit"* von Sein — in Übereinstimmung mit der von ihm vertretenen etymologischen Auslegung des griechischen Wortes *„a-létheia"* für Wahrheit (lētho = bin verborgen). Sie erst ermöglicht, was *Heidegger* schon in ›Sein und Zeit‹ das („existenziale") *Seinsverständnis* des Da-seins nannte, und damit auch erst die abgeleitete „Richtigkeit" des Vorstellens und Aussagens. Er fragt: „Erschöpft sich die Offenbarkeit dessen, was ist, im Beweisbaren?" ... „Versperrt die Insistenz auf dem Beweisbaren nicht den Weg zu dem, was ist?" (Zur Sache des Denkens, S. 79); und er beruft sich auf die ›Metaphysik‹ des *Aristoteles* (IV. Buch, 1006, a ff.), wo es lautet: „Es ist nämlich Unerzogenheit, keinen Blick zu haben dafür, mit Bezug worauf es nötig ist, einen Beweis zu suchen, in Bezug worauf dies nicht nötig ist." Dann fährt *Heidegger* fort: „Dies Wort verlangt eine sorgfältige Besinnung. Denn noch ist nicht entschieden, auf welche Weise dasjenige, was keines Beweises bedarf, um für das Denken zugänglich zu werden, erfahren werden soll. Ist es die dialektische Vermittlung oder die originär

[57] Hier sind Hinweise auf verwandte Gedanken der kulturkritischen *„Lebensphilosophie"* von O. *Spengler*, Theodor *Lessing*, Ludwig *Klages*, auf die *Existenzphilosophie* von K. *Jaspers* und J. P. *Sartre*, den Skeptizismus K. *Löwiths* und die „Negative Dialektik" Th. W. *Adornos* am Platze, auf deren Darstellung hier verzichtet werden muß. Vor allem aber müßte *Heideggers* kritische Anknüpfung an Friedr. *Nietzsche* beachtet werden; vgl. *Heidegger*: Nietzsche, 2 Bde., Pfullingen 1961.

gebende Intuition" (d. h. die *Husserlsche* Phänomenologie) „oder keines von beiden? Darüber kann nur die Eigenheit dessen entscheiden, was vor allem anderen von uns verlangt, zugelassen zu werden. Wie aber soll dies uns die Entscheidung ermöglichen, bevor wir es nicht zugelassen haben? In welchem Kreis bewegen wir uns hier, und zwar unausweichlich?" (a. a. O. S. 8).

Wieder ist von einem *Kreislauf* die Rede; aber es ist nicht derjenige zwischen transzendental-logischer und anthropologisch-historischer Reflexion, der in *Heideggers* Philosophie sich freilich ebenfalls findet. Das anscheinend alle logischen und ontologischen Brücken hinter sich abbrechende „Denken an die Wahrheit des Seins" — an das schlichte „es gibt Sein" — bleibt in den es „vorbereitenden" Reflexionen noch an die Bedingungen „wissenschaftlicher" Verständlichkeit gebunden; denn noch ist dieses Denken, wie *Heidegger* zugibt, erst *„unterwegs"*. Auch die „sorgfältige Besinnung" *Heideggers* auf die *Möglichkeit* des „einfachen *Sagens*" vom „Sein" bewegt sich in *„Aussagen"*, hält sich an die Logik und sucht „vor-läufig" *ihren* „Weg", aber keine „wissenschaftlich-philosophische Methode". Denn in diesem „Aussagenzusammenhang" als solchen geht das „zu Sagende" nicht auf; es verlangt „ein Denken außerhalb der Unterscheidung von rational und irrational" (a. a. O. S. 79). Das Medium dieser Reflexion ist die *Sprache*, in der, wie *Heidegger* nachdrücklich geltend macht, das Sein selber ursprünglich „zu Wort gekommen ist", weil — wie immer die einzelnen Worte lauten mögen — ihr Sinngefüge als Ganzes ein vorgängiges Seinsverständnis birgt und ausspricht.[58]

4. Damit wird ein Grundproblem der *Sprachphilosophie* aufgeworfen, die in der gegenwärtigen Philosophie — aber auch in den Einzelwissenschaften — eine zentrale Stellung bekommen hat. Bevor wir uns ihr aber eigens zuwenden, soll die Differenz der philosophischen *Wahrheits-Auffassung* noch stärker beleuchtet werden.

Wir hörten, daß *Heidegger* sowohl die Systeme der „subjektivistisch-objektivistischen" Ontologie als auch *Hegels* Begriff des „absoluten Wissens" und die auf Rationalität bedachte Philosophie ablehnt. Die von ihm nicht bestrittene „Richtigkeit" der positiven Wissenschaften sei nicht gleichbedeutend mit der sie überhaupt erst freigebenden

[58] Hierüber informieren u. a. die kleineren Abhandlungen: Brief über den Humanismus, 1947; Der Weg zur Sprache, in: Die Sprache, Jahrbuch der Bayerischen Akademie der schönen Künste, Bd. V, 1959, S. 137 ff.

„Wahrheit" als „Lichtung des Seins". Dieser Intention seines nicht mehr onto-„logischen" und nicht mehr vor-„stellenden" „Seinsdenkens" widersetzen sich die Neopositivisten, die Vertreter der „linguistischen Analyse" und der neomarxistischen „Kritischen Theorie" der „Frankfurter Schule" Max *Horkheimers* (gest. 1973) und Th. W. *Adornos* (gest. 1969); ebenso folgen ihm manche Denker, die anfangs von seiner Existenzial-Analyse (in ›Sein und Zeit‹) ausgegangen waren, nicht mehr auf dem Wege zu dem, was sie seine „Seinsmystik" nennen. Th. W. *Adorno* schrieb in seinem Aufsatz: ›Wozu heute noch Philosophie?‹ (1963): „*Kants* berühmtes Diktum, der kritische Weg allein sei noch offen, gehört zu jenen Sätzen, in denen die Philosophie die Probe besteht" (a. a. O., S. 14). „Bei *Heidegger* jedoch wäre Denken, als ehrfürchtig begriffloses, passives Lauschen auf ein Sein, das immer nur Sein sagt, ohne kritisches Recht" (a. a. O., S. 17).

Aus den kritischen Stimmen der Neopositivisten sei nur noch eine Äußerung von Hans *Reichenbach* in der Schrift: ›Der Aufstieg der wissenschaftlichen Philosophie‹ (Berkeley und Los Angeles, 1951, S. 137 ff.) angeführt; sie lautet: „Die Geschichte der spekulativen Philosophie ist die Geschichte der Irrtümer der Philosophen, die nicht in der Lage waren, die Fragen, die sie stellten, zu beantworten ... Die Geschichte der wissenschaftlichen Philosophie dagegen ist die Geschichte von Problemen; und Probleme werden durch technische Arbeit gelöst." Ungeachtet des auf eine besondere Wissensform einzuschränkenden „technologischen" Erkenntnisbegriffs wird man nicht zögern, die prinzipielle Gültigkeit der Unterscheidung von *„Fragen"* und *„Problemen"* anzuerkennen. Weder jede Frage, die jemandem einfällt, noch jeder Satz in Frageform ist schon ein durchdachtes und griffiges Problem. Logik und Methodologie belehren darüber, welche Bedingungen erfüllt sein müssen, damit aus einer Frage ein in der Sache begründetes Problem — eine „Forschungsaufgabe" — werden kann. Das sokratische Wissen, daß es etwas gibt, was man nicht weiß, wird erst zum *Problembewußtsein*, wenn man weiß, in welcher Richtung es zu suchen ist, und wird nur so zum Ursprung einer „Methode". Der *Problemgehalt* kann aber größer sein als im jeweiligen Problembewußtsein erfaßt und dann methodisch behandelt wird; deshalb bedarf es einer kritischen *Problemanalyse*, bevor es erlaubt ist, von „Scheinproblemen" zu sprechen. Von einem Denken, das sich auf keine beruhigende Sicherheit des Gewußten verläßt, sondern um die unabsehbare Fraglichkeit und den Anspruch der „*Fragwürdigkeit*" weiß, sagt *Heidegger*: „das Fragen ist die Frömmigkeit des Denkens".

5. Zur Behauptung, man wisse etwas, ist gemäß dem schon von den Griechen verbindlich gemachten Wissensbegriff (vgl. das über *Platon* Referierte) erforderlich, daß es *bewiesen* werden kann; vielleicht sagte man besser, es müsse „*begründet*" werden, weil nicht in jedem Falle ein Beweis nach den Regeln der formalen Logik möglich ist. „Begründung" soll deshalb in einem weiteren Sinn verstanden werden, weil der „*Grund*", auf den sich der Wissensanspruch beruft, erst sekundär zur „Prämisse" wird, z. B. wenn er in einer *Erfahrung* liegt. Die Logik handelt nur von der „Folgerichtigkeit" des diskursiven Denkens und läßt offen, worauf sich die inhaltliche Wahrheit der Prämissen gründet. In einer die empirische Verifikation fordernden Bedeutung behält auch die auf die klassische Logik des *Aristoteles* zurückgehende scholastische *Wahrheitsdefinition* der „adaequatio intellectus ad rem" (Angleichung des Verstandes an den Sachverhalt) ihre relative Berechtigung. Aber „Angeglichenheit" oder Übereinstimmung ließe sich doch nur feststellen, wenn die Sache (res) schon erkannt wäre? Man vermeidet diese Verlegenheit, wenn man explikativ definiert: „Eine Aussage ist genau dann wahr, wenn der Sachverhalt, den sie ausdrückt, wirklich besteht"; wobei unterstellt wird, daß sein Bestand *methodisch* „festgestellt" bzw. in „repräsentierenden" (semantischen, symbolischen) Aussagen *ausgedrückt* werden kann.

Die von der philosophischen Reflexion gestellten Fragen „gehen", wie wir sagten, „hinter das zurück", was die Einzelwissenschaften, sofern sie der „gegenständlichen" Intention ihrer Forschungsarbeit folgen, als ausreichend bekannt oder gar „selbstverständlich" voraussetzen. Dieses Zurückfragen darf natürlich den Bezug auf die in Frage stehende „Sache" der positiven Wissenschaften nicht abreißen lassen; seine Reflexionsergebnisse müssen sich *auch* in ihnen „*bewähren*" können. Damit ist aber eine andere „*Bewahrheitung*" als die „Verifikation" im Sinne experimenteller oder dokumentarischer Nachprüfbarkeit gemeint, die zur Logik der Wissenschaften gehört. Diese verlangt eine jederzeit und für jedermann mögliche Kontrolle. Damit wird eingegrenzt, was als „wirklicher Sachverhalt" gelten soll: das intersubjektiv Feststellbare. Ein *Problem* der Wissenschaftskritik ist es aber, ob das auch für soziale, ethische und künstlerische „Sachverhalte" gilt, weil über sie *nicht* "nobody in particular" (s. S. 88) urteilt. In einer *spezifisch* zu interpretierenden Aussageweise müssen sich nichtsdestoweniger *„wahre Einsichten"* ausdrücken lassen! Auch allgemeingültig verifizierte Sätze der exakten Wissenschaft sind in Anbetracht ihrer hypothetisch-theoretischen Voraussetzungen nur Aussagen unter dem logischen Vorbehalt: „Wenn ..., so ...". Ihre Voraussetzungen bewähren sich so lange, bis sie aufgrund neuer Befunde korrigiert werden müssen; auch im Falle von „Grundlagenkrisen". Dann aber kann es sich zeigen, daß die den spezifischen Voraussetzungen schon vorgängigen (apriorischen) Prinzipien einen Begriff von der *„Wissensform"* und ihrer *Tragweite* implizierten, der als solcher (!) zu revidieren ist. Damit ändert sich dann auch die Auffassung von der „Wahrheit" dieser Erkenntnis, wie es in den zitierten Sätzen *Heisenbergs* usw. zum Ausdruck kam.[59] Denn jene den klassischen „Objekt"-Begriff relativierenden Befunde, wie etwa die sog. „Heisenbergsche Unschärferelation" zwischen der experimentellen Beobachtbarkeit von Ort und Geschwindigkeit eines Elektrons, oder die der begrifflich nicht zu fassenden, aber experimentell verifizierten Verhaltensweise der Lichtquanten als Welle und Korpuskel, veranlaßten jenen neuen Definitionsversuch von Erkenntnis als einer „Auseinandersetzung zwischen dem Menschen und der Natur", deren „Wahrheit" nicht darin liege, daß die „Natur an sich" erkannt wird.

6. Diese Einsicht wäre das Ergebnis einer die bisherige Gesamtvoraussetzung überprüfenden philosophischen Reflexion. Ihre *Bewährung* kommt nicht unmittelbar auf der methodologisch-grundbegrifflichen Ebene zum Austrag, sondern auf der Ebene erkenntnistheoretischen Fragens, was z. B. „Physik" und ihr Gegenstand sei. Dieses „Nachdenken" darf aber nicht verwechselt werden mit der rationalistischen Methode der Deduktion aus „klaren und deutlichen Begriffen" (z. B. von Gott und der Seele), da die kritische Reflexion gerade die vermeintliche „Klarheit" in Frage stellt, und weil die gesuchte Einsicht nur die Erkenntnisart, das „wie" und nicht das „was" des möglichen Wissens betrifft. In der philosophischen *Ethik* würde das bedeuten, daß keine konkreten moralischen „Vorschriften" gemacht

[59] Das war der Grund, jene Zitate überhaupt zu bringen, denen leicht auch anderslautende Aussagen von Physikern hätten zur Seite gestellt werden können. Nicht zu Unrecht machen die Fachwissenschaftler den Philosophen oft den Vorwurf, sie suchten sich nur Zitate aus, die ihnen passen. Hier ging es aber um Belege für die Bereitschaft, philosophische Reflexionen über den Sinn von „Wahrheit" zu vollziehen, der sich nicht mit dem der „Verifikation" deckt.

werden dürfen, bevor nicht eine Aufklärung über Sinn und Seinsweise sittlicher Freiheit, personal verantwortlichen Handelns und sozialer Institutionen erfolgt wäre.[60]

Wenn nun *Heisenberg* betont, daß die Naturwissenschaft nur „ein Teil" der „Auseinandersetzung" zwischen Mensch und Natur sei, dann rührt er auch an das *Problem* der *Interdependenz* der Wissenschaften. Die philosophische Reflexion hat sich — allen oben aufgezählten Bedenken und Schwierigkeiten zum Trotz — an der Aufhellung des problematischen „Ganzen" zu bewähren, sofern eben erst in ihm auch die Wahrheit der Teile „komplett" wird.[61] Unter dieser Bedingung steht dem auch nichts mehr im Wege, die für die Reflexion zunächst nur relativ gültigen *„Richtigkeiten"* formaler und inhaltlicher Art zur „Wahrheit" zu rechnen, zumal auch alle Aussagen der Philosophie an die Bedingungen formaler und sachlicher Richtigkeit gebunden bleiben. Auch die Philosophie fragt ja nach gewissen „Sachverhalten", denen sie sprachlichen Ausdruck geben muß in Sätzen und Aussagen, die genau unter der Bedingung wahr sind, daß der Sachverhalt sich *aufweisen* läßt. In dieser Bedeutung entbindet sie die Unmöglichkeit (außer in den Formaldisziplinen wie der Logik), „strenge Wissenschaft" zu sein, nicht von *strenger Sprachform.* Die Strenge bemißt sich aber nach dem jeweils für ihre Probleme und besonderen Reflexionsweisen gültigen Maßstäben.

Da sie sich ausschließlich im Medium der *Sprache* vollzieht, so hat die Philosophie, wie eingangs schon die „historische Orientierung" erkennen ließ, sich zu aller Zeit gezwungen gesehen, über die Sprache, ihre Möglichkeiten und ihre Grenzen zu reflektieren. Sie ist ihr heute zu einem Fundamentalproblem der Neubesinnung geworden; ja, es gibt Richtungen des Philosophierens, die es ganz auf *Sprachanalyse* beschränken wollen (s. oben S. 115). Sowenig wie in alle anderen „Disziplinen" der Philosophie, kann freilich in einer „allgemeinen" Einführung eine spezielle Einführung in die *Sprachphilosophie* geboten werden.[62] Im Anschluß an die Erörterungen über die philosophische

[60] Hier muß auf die spezielle Darstellung und Erörterung des ethischen Grundproblems, der „Logik" des Ethischen, verzichtet werden. Vgl. dazu die Einführung in die Ethik von H.-H. *Schrey* in dieser Buchreihe.

[61] Vgl. das Zitat aus der Schrift von *v. Weizsäcker,* oben S. 110.

[62] Vgl. die Einführung in die Sprachphilosophie von Erich *Heintel* in dieser Buchreihe.

Reflexion und ihr Wahrheitsproblem ist es jedoch unumgänglich, wenigstens deren Hauptpunkte namhaft zu machen, und zwar mit einigen Thesen, welche die Relevanz einer kritischen Reflexion über die Sprache für das *Selbstverständnis* der Philosophie demonstrieren sollen.

7. *Die Sprache* (frz. le langage) ist als psychophysisches, intersubjektiv-kommunikatives Geschehen identisch mit dem Erwachen des Menschen zu welt- und selbstbewußtem, „geistigem" Leben. Sinnliche Anschauung (Wahrnehmung) wird mit der Hervorbringung hörbarer artikulierter Laute — denen gleichzeitig damit „sprachförmige" Gebilde in anderen Bereichen der Sinnlichkeit (z. B. Bilder) zur Seite treten — verwandelt in das repräsentierende („symbolische") Korrelat der *sinn-vollen* Aktivität des Erkennens, Handelns und Gestaltens. Nichts versperrt die Einsicht in das Wesen dieses unwillkürlich anhebenden Vorganges der „Menschwerdung" so sehr, wie die Meinung, der Mensch habe die Sprache „erfunden", um sich nachträglich ein *Werkzeug* zur Verlautbarung und Mitteilung seines Denkens zu verschaffen, als wenn dessen Inhalte in ihrer „Bedeutsamkeit" ihm ohne sprachliche Fixierung in Worten überhaupt hätten zum *Bewußt-sein* kommen und „gedacht" werden können. Erst nachdem sich die *Sprachlichkeit* seines Daseins ausgebildet hatte, konnte *an ihr* die Bemühung einsetzen, *in ihr* vollzogene spezielle Funktionen, z. B. die „informatorische", eigens zu steigern und zu „verbessern". Ferner ist es bekanntlich nicht der Mensch in abstracto, der zum Sprechen kommt, sondern je eine naturwüchsige Gruppe in ihrer je eigenen Lebenslage, die *ihre* Sprache (frz. la langue) entwickelt — unbeschadet der in der *allgemein-menschlichen* Leibesorganisation angelegten *Sprachfähigkeit.* Auch war der Übergang von einer schon bei Tieren vorkommenden „Signal-Sprache" zur menschlichen *„Wort-Sprache"* allmählich. Sie begann mit akustischen Gebärden, schritt aber von dieser *„Ausdrucksweise"* fort zur indirekt schildernden *„Darstellung"* und schließlich zur rein gedanklichen *„Bedeutung"*.[63] Die ursprüngliche Bildhaftigkeit wird zur *„Sinnbildlichkeit"* (Metaphorik), wodurch nun eine gewisse Spannung zwischen ihr und den rationalen Gedanken eintritt. Das Gesprochene ist nicht mehr „wörtlich" oder „buchstäblich" so gemeint,

[63] Diese „Phasen" unterscheidet Ernst *Cassirer* in seiner Philosophie der symbolischen Formen, Bd. I, Die Sprache, 1923; Wiss. Buchges., Darmstadt 1964.

wie man es sprachlich noch ausdrückt. Immerhin stellt sich bei fortschreitender Differenzierung des Gedachten das Bedürfnis ein, den Wörtern eine „genauere" Bedeutung im Zusammenhang besonderer Verstehens- und Erkenntnisweisen zu geben,[64] und auch in den syntaktischen Formen, die je nach „Sprachtypen" sehr verschieden sind — also etwa in „Sätzen" — eine gemeinte gegenständliche Relation unmißverständlich zu formulieren. Diese Tendenz führt schließlich zur Bildung der wissenschaftlichen *„Fachsprachen"* und der „Sondersprachen" der sozialen Praxis. Mit einer spezifischen *„Terminologie"* versucht man, die Sprache in *einer* ihrer Funktionen, nämlich der *„Aussage"* über Sachverhalte, durch eindeutige Begriffsbezeichnungen und Aussage-Formen zu perfektionieren. Sie soll dann wirklich als *Informationsinstrument* gebraucht werden, was aus naheliegenden Gründen heute nach weitest verbreiteter Auffassung ihre eigentliche Aufgabe ist. Würde man den Begriff „Verständigungsmittel" weit genug fassen, dann könnte man nicht übersehen, daß das wirkliche Sprechen (besser: „die Rede", frz. la parole) des Menschen mindestens noch zwei anderen wesentlichen Sinnbezügen Genüge tut, nämlich dem wechselseitigen *Anrufen* der Gesprächspartner als einer verpflichtenden *Handlung* zwischen ihnen[65] und der meist unwillkürlichen, emotionalen *„Kundgabe"* von Gemütsbewegungen[66]. Das appellierende Zu-einander-Reden zielt primär nicht auf *Sach*verhalte, sondern auf *personale* Verhaltensweisen; die „emotionale" Sprechweise drückt die innere Bewegtheit der Redenden aus.[67]

Insofern sich nun das *Philosophieren* so gut wie ausschließlich im Medium der Sprache vollzieht, so spielen deren Wesenszüge in ihr eine beachtliche Rolle. Ist jede Sprache strukturell eine „symbolische Repräsentation" eben jenes Welt- und Lebensverständnisses, das sich mit und in ihr formte, dann impliziert ihre *„innere Sprachform"*, wie

[64] Hinzu kommt die Abschleifung und Sinnentleerung der Sprache im alltäglichen Gebrauch bzw. Verbrauch, welche Wissenschaft, Dichtung, Philosophie und Religion zum Zerbrechen der Klischees nötigen.

[65] Vgl. Hans *Lipps*, Die Verbindlichkeit der Sprache, 1944, 2. A. 1958.

[66] Vgl. Hans *Lipps*, Untersuchungen zu einer hermeneutischen Logik, 1938.

[67] Zur „Dreistrahligkeit" der Sprache vgl. K. *Bühler*, Die Axiomatik der Sprachwissenschaften, neu hrsg. von Elis. *Ströker*, Frankfurt 1969; B. *Liebrucks*, Sprache und Bewußtsein, bisher 5 Bde., 1964—1970; H. *Noack*, Sprache und Offenbarung, 1960.

W. v. Humboldt es nannte, je eine eigentümliche *„Weltansicht“* [68]. In jeder „natürlichen“ Sprache wird anders gedacht, gehandelt und gefühlt. So ist es charakteristisch für die indogermanischen Sprachen, daß sie Verhältnisse und Geschehnisse der Wirklichkeit dynamisch auffassen, ihre Sätze nach dem Schema: Subjekt, Objekt und Prädikat bauen und dafür die Wortklassen der Substantive, Verben und Adjektive ausgebildet haben.[69] Die griechische Sprache war in ihrer Struktur schon eine Vorform der späteren wissenschaftlichen und philosophischen Denkstruktur (logos). Der bestimmte Artikel und das Verbum „einai“ (= sein) prädestinierte sie zur Ausbildung einer „ontologischen“ Erkenntnis mit „logischen“ Aussageformen. *Aristoteles* konnte in seiner Logik und metaphysischen Kategorienlehre unmittelbar an sie anknüpfen;[70] und man versteht, wie *Platon* den Sokrates im ›Phaidon‹ sagen lassen konnte: „Vor etwas müssen wir uns entschieden in acht nehmen, ... daß wir dem Wort nicht Feind werden, gleich wie ein anderer zum Menschenfeind wird. Kein größeres Unglück kann den Menschen treffen. Und beides entsteht aus der gleichen Gesinnung: Der Haß gegen das Wort und die Menschenfeindschaft ... Müßte ... der Mensch nicht bejammernswert sein, wenn er sein ganzes Leben lang den Haß gegen das Wort nährte und dadurch der Wahrheit und Erkenntnis der wirklichen Dinge verlustig ginge?“ (Phaidon, St. 89, C—D; 90, C—D) Wie ein Einblick in den Dialog ›Kratylos‹ zeigt, war *Platon* nicht der Meinung, daß die Wörter der Sprache direkten Bezug auf die „Dinge“ hätten; gerade an dieser naiven Auffassung hatte sich ja mit Recht die Skepsis der Sophisten entzündet. Nur formal entspricht der „Logos“ der Sprache dem „Logos“ (der Vernünftigkeit) der Ideen und ihrer Abbildung in den Phänomenen. Bei *W. v. Humboldt* lesen wir: „Das Wort ist nicht ein Abdruck des

[68] W. v. *Humboldt,* Ges. Schriften, Bd. VI und VII; B. L. *Whorf* hat für denselben Befund den Begriff des „linguistischen Relativitätsprinzips“ geprägt; s. Sprache, Denken, Wirklichkeit, rowohlts deutsche enzyklopädie, 2. A., 1964, S. 20.

[69] Vgl. Bruno *Snell,* Der Aufbau der Sprache, 2. A., Hamburg 1952.

[70] Vgl. Bruno *Snell,* Die Entwicklung einer wissenschaftlichen Sprache in Griechenland, in: Sprache und Wissenschaft, Veröffentlichungen der Joachim-Jungius-Gesellschaft in Hamburg, Göttingen 1960; Julius *Stenzel,* Über den Einfluß der griechischen Sprache auf die philosophische Begriffsbildung, in: Neues Jahrbuch für klassisches Altertum, XXIV, 1921; Ernst *Kapp,* Der Ursprung der Logik bei den Griechen, Göttingen, 1965.

Gegenstandes an sich, sondern des von ihm in der Seele erzeugten Bildes" (›Über die Verschiedenheit ...‹ WW Bd. VII, 195) und „die Menschen verstehen einander nicht dadurch, daß sie sich Zeichen der Dinge wirklich hingeben, auch nicht dadurch, daß sie sich gegenseitig bestimmen, genau und vollständig denselben Begriff hervorzubringen, sondern dadurch, daß sie gegenseitig einander dasselbe Glied der Kette ihrer sinnlichen Vorstellungen und inneren Begriffsbildungen [!] berühren" (WW Bd. VII, 1, S. 169).

Die *Platon*ische Überzeugung bestätigt *Humboldt* in dem Satz: „Durch die gegenseitige Abhängigkeit des Gedankens und des Wortes voneinander leuchtet es klar ein, daß die Sprachen nicht eigentlich Mittel sind, die schon erkannte Wahrheit darzustellen, sondern weit mehr, die vorher unerkannte zu entdecken" (WW Bd. VI, S. 180).

8. Wie sich im aktuellen Sprechen stets jene drei Sinnfunktionen der Sprache vereinigen, so hat auch die *Philosophie* — obgleich sie die „Aussage-Funktion" bevorzugen muß — durchaus nicht immer auf das „anrufende" und das „emotionale" Wort verzichtet. Der Denker „spricht zum" Mitmenschen und „spricht sich aus"; dialogische, appellative, pathetische, prophetische und dichterische Diktion finden wir nicht selten. Dennoch bleibt die der Philosophie gemäße sprachliche *Wirksamkeit* an eine strenge gedankliche Form gebunden. *Platon* und *Aristoteles* haben, wie die meisten „großen Denker", ihren Hörern, Interpreten und Kritikern erhebliche „Anstrengung des Begriffs" *(Hegel)* zugemutet — auch in ihrer Aussageweise! *Platon* wußte, trotz seiner Mahnung, das Wort nicht zu verachten, auch um die *Grenze* der sprachlichen Mitteilbarkeit. Im ›VII. Brief‹ schrieb er: Mit dem Inhalt meiner philosophischen Bestrebungen „steht es nicht so, wie mit anderen Lehrgegenständen: es läßt sich nicht in Worte fassen, sondern aus lange fortgesetztem ... wissenschaftlichen Verkehr und aus entsprechender Lebensgemeinschaft tritt es plötzlich in der Seele hervor wie ein durch einen abspringenden Funken entzündetes Licht und nährt sich dann durch sich selbst" (a. a. O., St. 341). Im „wissenschaftlichen Verkehr" und in „entsprechender Lebensgemeinschaft" pflegt man das diskutierende Gespräch. In der Tat bietet der *Dialog*, sofern in ihm *frei* für neue Fragen gesprochen und verständniswillig zugehört wird, die besten Chancen, Erkenntnis zu gewinnen.[71] Nicht immer und

[71] Vgl. Hinrich *Knittermeyer*, Der Mensch der Erkenntnis, Hamburg 1962, S. 314—367, wo die Formen des Dialogs sehr sorgfältig dargestellt werden.

überall ist Gelegenheit zum Dialog; „monologische" Darstellung in Schriften überwiegt aus guten Gründen. Wie immer es dann um den gewählten *Sprachstil* stehen mag: — *Hegel* sagte mit Recht, die Philosophie müsse sich vor „Erbaulichkeit" hüten, denn „das Gehaltvolle für die Einsicht zu rechtfertigen, es in bestimmte Gedanken zu fassen und zu begreifen, und es dadurch vor trüben Abwegen zu bewahren, muß das Geschäft der Philosophie sein" (Über den Vortrag der Philosophie auf Universitäten, 1816, WW. hrsg. von Hermann Glockner, Bd. 3, S. 323).

„In bestimmte Gedanken fassen und begreifen", das heißt: Genauigkeit der Worte und Begriffe. Mithin ist auch die Philosophie genötigt, sich eine *Fachsprache* und eine eindeutige *Terminologie* zu schaffen. Neue Ansätze der Reflexion und der Denkrichtung bedürfen auch einer neuen Sprach- und Begriffsbildung, die man vom Autor lernen muß, indem man — nach der Methode des *„hermeneutischen Zirkels"*, das einzelne aus dem Gesamtzusammenhang und diesen aus den Einzelheiten zu interepretieren — die Bedeutung der Termini aus wiederholter Lektüre erschließt. Das wird schwieriger, wenn es sich um alte oder fremdsprachliche Texte handelt.[72] Zur Zeit des „schulmäßigen" Philosophierens — der Scholastik — gab es eine konventionell einigermaßen festgelegte, lateinische Terminologie; in der Philosophie der Neuzeit wird man sie fast nur noch im „neuscholastischen" Schrifttum finden sowie in den Formaldisziplinen wie Logik und Semantik. Hier hat sich die Sprachform weitgehend jener *Zeichensprache* der hochentwickelten „exakten Wissenschaften", vor allem der Mathematik, genähert, die von jeher „Symbole" für Zahlen und Funktionen gebrauchte. Bereits *Aristoteles* arbeitet in seiner Logik mit abstrakten Begriffszeichen (Buchstaben); arabische und jüdische Denker des Mittelalters schritten auf diesem Wege fort. Raimundus *Lullus* (1235—1315), Giordano *Bruno* (1548—1600) und besonders *Leibniz* in seiner Idee

Ferner Heinz-Horst *Schrey*, Dialogisches Denken, Wiss. Buchges., Darmstadt 1970; s. a. ›Dialog als Methode‹, H. 2/3 der ›Neuen Hefte für Philosophie‹, 1972, mit Beiträgen von K.-O. *Apel*, R. *Wiehl*, Rich. M. *Martin*, K. *Lorenz*, P. K. *Feyerabend*.

[72] Hierbei müssen *philosophische Wörterbücher* zu Rate gezogen werden, die jedoch nicht immer zureichende Auskunft geben; ein umfangreiches *Historisches Wörterbuch der Philosophie*, das den Bedeutungswandel der Termini genau verzeichnet, ist das von Joachim *Ritter* begründete; bisher 3 Bde., Wiss. Buchges. Darmstadt.

einer „Characteristica universalis" schwebte schon vor, was heute in der *„Logistik"*, der sog. „symbolischen" oder „formalisierten" Logik erreicht ist.

9. Die „Ungenauigkeit" und „Unlogik" der natürlichen Sprachen und ihres alltäglichen Gebrauchs, der sie noch erhöht, hat wiederholt zu Anklagen der Philosophen gegen die Sprache überhaupt geführt, zu jener „Feindschaft gegen das Wort", von der *Platon* sprach. Fritz *Mauthner* (1849—1923), Verfasser eines ›Wörterbuchs der Philosophie‹ (2. A. in 3 Bänden, 1923—1924), hat ›Beiträge zu einer Kritik der Sprache‹ (3 Bände, 1901—1903; 3. A. 1923) geschrieben, in welchen er seine Überzeugung begründet, „daß die Sprache ein Handwerkszeug ist, mit dem wir an nichts Wirkliches herankommen können, weder an die Natur noch an unsere eigenen Empfindungen". Aufgabe der Philosophie sei „kritische Aufmerksamkeit auf die Sprache" und alle „kritische Philosophie" ... sei „Kritik der Sprache". Die sog. *„sprachanalytische" Schule* stimmt dieser Meinung zu.[73] Ludwig *Wittgenstein* schreibt: „Die Philosophie ist ein Kampf gegen die Verhexung unseres Verstandes durch die Mittel unserer Sprache" (Philosophische Untersuchungen, 1953, S. 47). ... „Die Ergebnisse der Philosophie sind die Entdeckung irgendeines schlichten Unsinns und Beulen, die sich der Verstand beim Anrennen an die Grenzen der Sprache geholt hat" (a. a. O., S. 48). Die Bildhaftigkeit, wortschöpferische Macht und Suggestivität der Sprache verführen leicht zur Bildung von bloßen Phantasieprodukten und „Wortgespenstern". „Mit Worten läßt sich trefflich streiten, mit Worten ein System bereiten" spottet Mephistopheles in *Goethes* ›Faust‹. Wie aber wäre Dichtung möglich ohne diese Sprachmächtigkeit? Sogar die "Nonsense-Poetry" hat ihren Sinn für den mit der Sprache spielenden Menschen!

Nur in Aussagezusammenhängen der um Sachlichkeit bemühten Erkenntnis sind solche „unlogischen" und „illusionären" Gebilde und Sprachspiele verpönt; hier ist skeptische „Kritik an der Sprache" angebracht. Sie darf aber nicht verkennen, daß die Sprache als „symbolische Form" der *„Weltoffenheit"* des Menschen reicher sein muß an semantischen Funktionen und sich nicht beschränkt auf das, was der rationale Sachverstand „aussagen" kann. Die wissenschaftliche „Ob-

[73] Siehe K. O. *Apel*, Die Entfaltung der sprachanalytischen Philosophie..., Philos. Jahrb. der Görres-Ges., Jg. 72, 2. Halbbd., 1965. Rudolf *Carnap*: Logische Syntax der Sprache, 2. A. 1968; dazu: G. *Patzig*: Sprache und Logik, Göttingen, 1968.

jektivierung“ führt, wie schon erwähnt, die Gefahr mit sich, daß sie die anderen Lebensäußerungen als nicht nur theoretisch, sondern auch praktisch-technisch *verfügbare Sachverhalte*, also „machbar“ erscheinen läßt; so wird dann auch über sie von „Pragmatikern“, „Seelen-Ingenieuren“ und „Funktionären“ gesprochen. Wenn man es als *ein* charakteristisches Merkmal einer „*Ideologie*“ gelten läßt, daß sie als ein *geschlossenes System* von Aussagen auftritt, dessen Wahrheitsanspruch sich nicht auf kritisch durchreflektierte Voraussetzungen und erschöpfende Verifikation verläßt, sondern meist auf die suggestive Wirksamkeit eines auf emotionale Akklamation rechnenden Jargons, dann versteht man, daß und warum es als Instrument zur Durchsetzung eines partikularen Interesses dienen kann. Im Zeitalter der technologisch denkenden Leistungsgesellschaft und der pluralistischen Indifferenz in Prinzipien-Fragen hat die Philosophie auch die Aufgabe, im Bunde mit der Wissenssoziologie „*Ideologie-Kritik*“ zu üben und jeden schon an der Sprache erkennbaren Absolutheits- und Unfehlbarkeitsanspruch zu bekämpfen — vor allem den der je eigenen Ideologie!

10. Wir finden uns damit am Ende noch einmal vor eine neue Frage nach der *Wahrheit der Philosphie* gestellt. Ihre Beantwortung war noch nicht damit erledigt, daß eine wesentliche Differenz zwischen der Verifikation von Forschungsergebnissen und der Gültigkeit philosophischer Einsichten zur Sprache kam. Sind diese nicht doch nur ein „Reflex“ fachwissenschaftlicher Problematik? Müßte die sich heute auf kritische „*Reflexion*“ bescheidende Philosophie nicht darum auch ihre ganze bisherige Geschichte als endgültig „vergangen“ ansehen, weil sie auf das Ziel einer *absoluten, metaphysischen Erkenntnis* gerichtet war? Ließen sich nicht auch *Hegels* enzyklopädisches System des vollendeten Selbstbewußtseins des Geistes und die Idee einer „Philosophie als strenger Wissenschaft“ als geschichtlich überholte Modifikationen der „klassischen Metaphysik“ verstehen? Nach den „erkenntnistheoretischen“ Ansätzen des 17. und 18. Jahrhunderts erfolgte die entschiedene *Restriktion* der Philosophie auf eine „Metaphysik der Metaphysik“, d. h. eine reflexive „Erkenntnis der Erkenntnis“, eigentlich erst mit *Kants* „transzendentaler“ Erkenntnis-Kritik. Sie gab die „gegenständlichen“ Erfahrungswissenschaften frei, indem sie nur noch nach den Bedingungen der Möglichkeit ihrer „Gegenständlichkeit“ fragte. Das *Ganze* der Erfahrung und dessen *Einheit* war zwar weiterhin ihr Problem, aber nun als „transzendentale Methodenlehre“. Auch der

Anspruch auf zeitlose Gültigkeit der Ergebnisse *dieser reflexiven Erkenntnis,* den *Kant* noch aufrechterhielt (vgl. ›Kritik der reinen Vernunft‹, Vorrede zur 2. Aufl., S. 23), wurde inzwischen doch bestritten! Die von uns durchgeführten Reflexionen faßten immer wieder die *zeitlich-geschichtliche Bedingtheit der Reflexionsbasis* selber ins Auge — sowohl hinsichtlich der fortschreitenden Arbeit der Einzelwissenschaften, wie hinsichtlich der sich ständig wandelnden gesellschaftlichen Situation. Die Konzeption des dialektischen „Zirkels" der prinzipiell entgegengesetzten Methoden war das Ergebnis der philosophischen Reflexion über ihre eigene Möglichkeit. Es bestand darin, daß sie nicht bei der transzendental-logischen Legitimation der apriorischen Bedingungen möglicher Erkenntnis (aller Art) ohne Berücksichtigung der geschichtlich-empirischen Bedingungen ihrer *Aktualisierung* in der *Zeit* stehenbleiben konnte. Anders gesagt: es wurde einsichtig, daß alles Welt- und Selbstverstehen — einschließlich der Zeitigung der „transzendentalen" Prinzipien — nicht „leider nur", sondern *wesenhaft „zeitlich-geschichtlich"* sei. Nicht in dem trivialen Sinn, über den kein Wort zu verlieren wäre, daß dieses Geschehen sich in der Zeit abspielt und man von ihm rückschauend eine Geschichte schreiben kann, sondern in der tieferen Bedeutung, daß die *Geschichtlichkeit* selber zu den *konstitutiven Bedingungen* der „geistigen Wirklichkeit" gehört. Das wurde zuerst von *Hegel* klar erkannt; er gab dieser Erkenntnis des Geistes von sich selbst zwar die Form eines dialektisch geschlossenen Systems der Geschichte selbst, erhob dessen Anspruch auf Wahrheit aber nur für *„seine"*, „in Gedanken gefaßte Zeit"!

11. Der *„Historismus"* der „Lebensphilosophie" Wilhelm *Diltheys* (1833—1911) und seiner Schule zog eine naheliegende *„relativistische"* Konsequenz aus dem disharmonischen Anblick der Philosophiegeschichte: — ihre Theorien seien jeweils *nur* die geschichtlich-aktuelle Gesamtdeutung des Lebens, „Ausdruck" einer einmaligen, unwiederholbaren Anschauung von Welt und Mensch. Ihre „Würdigung" könne darum nicht Aufgabe kritischer Auseinandersetzung über den Sachgehalt, sondern nur die des *„Verstehens"* sein. Die *Philosophiegeschichte* stelle sich nicht dar als eine kontinuierliche Arbeit an fortschreitender Erkenntnis wie in den Einzelwissenschaften, sondern als ein diskretes, der *Dichtung* verwandtes Gestalten von personal-denkerischen Möglichkeiten ohne „wissenschaftliche" Verbindlichkeit. In der *Existenzphilosophie*, z. B. bei Karl *Jaspers* (1883—1969), wird die

Konsequenz gezogen: die „Philosophie ist, obgleich an Wissenschaften gebunden und niemals ohne sie, etwas ganz anderes als Wissenschaft" (›Rechenschaft und Ausblick‹, 1951, S. 350), — nämlich ein „Appell" an die je-eigene „Existenzerhellung".

Dieser Auffassung gegenüber hielten insbesondere der *Neukantianismus* und alle an der Wissenschaftlichkeit der Philosophie interessierten Richtungen daran fest, daß es einen *„Progreß"* (Paul *Natorp*) des philosophischen Denkens gäbe, der zwar wegen der prinzipiellen Umbrüche diskontinuierlich sei, aber doch in den *„Problemen"* seinen durchgehenden thematischen Gegenstand habe und an ihnen auf unendlichem Wege zu hellerer, kritischer Bewußtheit käme. Wie aber in dieser Ansicht vielleicht die personale und allgemein-geschichtliche Bedingtheit unterschätzt wird, und die am Fortschrittsbegriff der Wissenschaften (bzw. in der neu-scholastischen „philosophia perennis" an der Augustinischen oder Thomistischen Tradition) orientierte Historiographie den außerordentlichen Abweichungen von einem „sicheren Gange" nicht gerecht werden konnte, so widersprach die historistische Ansicht der keineswegs fruchtlosen Bemühung aller jener Denker, die sich sachverbunden wußten und die kritisch *begründende, argumentierende* Auseinandersetzung für sinnvoll und geboten hielten.

Mit dieser *Problematik* findet sich die Philosophie heute konfrontiert. Will sie als kritische Reflexion den durch die positiven Wissenschaften vermittelten Bezug zu den „Gegenständlichkeiten" nicht preisgeben und ebensowenig *nur* eine „weltanschauliche" Selbstmanifestation „existenzieller" Grundhaltung sein, dann muß gefragt werden, ob und wie die beiden sich anscheinend ausschließenden, aber im Blick auf die Philosophiegeschichte nicht unberechtigten Aspekte im Wesen der *Geschichtlichkeit des Philosophierens* begründet und in einem neu durchreflektierten Begriff „philosophischer Wahrheit" zusammengedacht werden können, der sich sowohl von dem der wissenschaftlichen Erkenntnis wie dem der „Dichtung" und des „Bekenntnisses" unterscheidet. Wenn es nun der Philosophie eigentümlich ist — sei es in den Entwürfen einer Metaphysik, sei es in denen einer „Fundamental-Reflexion" —, eine *„epoché"* zu vollziehen, nämlich alles bisher Gedachte in einer Neu-Besinnung auf die „letzten Gründe" „prinzipiell", d. h. unter Bewahrung gesicherter Einzelergebnisse, in Frage zu stellen, dann vollzieht sich in ihr eine *Grundlagenkrisis,* die denjenigen der Wissenschaften, des sozialen Lebens, der künstlerischen Kultur und des religiösen Glaubens gleicht, an die sich zumeist auch eine metaphysische, erkenntnistheoretische und systematische Reflexion anschließt. Dann zeitigen sich „Entwürfe“ einer neuen Grundlegung der Philosophie. Wie verträgt es sich aber mit deren Anspruch auf allgemeingültige Erkenntnis, wenn sie so unverkennbar stets den Stempel des „Zeitgeistes“ und der Individualität ihres Autors tragen? Zwar läßt sich eine relativ „strenge Objektivität“ in der Wissenschaft auch nur mit den exakten Methoden erreichen; in den Sozial- und Kulturwissenschaften ist „Objektivität“ korrelativ zu einer „konkreteren“, nämlich an Praxis gebundenen und unter geschichtlichen Bedingungen interpretierenden „Subjektivität“. Nun bewegt sich aber die philosophische Reflexion in *allen* Sinndimensionen; daß daher die philosophischen Autoren in der „Perspektive“ ihrer individuellen *Existenz,* ihrer geschichtlichen *Situation* und des von ihr bestimmten *Problembewußtseins* denken, ist an und für sich noch keine „negativ-subjektive Beschränktheit“, vielmehr zunächst nur die dichteste Manifestation der *Geschichtlichkeit* aller unserer Erkenntnis. Sie *be*hindert zwar, *ver*hindert aber nicht von vornherein eine kritische Reflexion, die von der undurchschauten „Subjektivität“ des dumpfen Meinens, trotzigen Behauptens und bloßen „Bekennens“ befreien kann. Schon das Faktum allgemein-gültiger Erkenntnis in *kooperativer* wissenschaftlicher Forschung bezeugt diese Möglichkeit. Die Philosophie wird aber bedenken müssen, daß die Wahrheitsansprüche in der theoretischen, ethischen, ästhetischen und religiösen Sinndimension jeweils anders begründet werden. Sie darf der Frage nicht ausweichen, wie sie selber über „Wahrheit“ zu denken habe, wenn sie sich die mögliche Verträglichkeit jener Differenzen zum Problem macht. In der zerrissenen Welt von heute ist diese Aufgabe zwar schwieriger, aber gewiß auch dringlicher geworden.

12. In jeder Grundlagenkrise der Philosophie wird in geringerem oder größerem Umfang ihre *geschichtliche Vergangenheit* in Frage gestellt; so ist es, wie gezeigt wurde, der Tradition der klassischen Metaphysik ergangen. Die kritische Revision kann sogar die radikale Form einer *„Destruktion“* der ganzen bisherigen Geschichte annehmen, um hinter ihre Anfänge zurückzudenken. Gleichwohl wäre dann der bisher durchschrittene Weg nicht sinnlos gewesen, weil nur sein *Resultat* an den Tag bringen konnte, daß und inwiefern er etwa eine Richtung einschlug, die von Grund aus geändert werden müßte. Die spätere „kritische Situation“ ist auch in diesem Fall der vergangenen Denkarbeit geschichtlich verpflichtet; denn wenn, wie es *Hegel* einmal aus-

drückt, „der Weg des Geistes der Umweg" ist (WW. Jubil.-A., 17, 66), dann kann auch dieser nicht von aller Wahrheit verlassen gewesen sein. Vielmehr erweist sich die Geschichte sogar dem weiterfragenden Philosophieren als eine Quelle der *Erfahrung* des denkenden Menschen von sich selber! Die Philosophie darf also ihre geschichtliche Vergangenheit nicht in dem Maße wie die positiven Wissenschaften mit ihrer methodisch abgesicherten, fortschreitenden Erkenntnis für etwas halten, was sie schlechthin hinter sich gelassen und „überholt" hat; sie bleibt ein Dokument von denkerischen *Versuchen*, deren Interpretation, Ausschöpfung und Auswertung für unabschließbar gehalten werden muß. Die *„Zeitigung"* der Wahrheit fordert mithin zu einer philosophischen Besinnung über das Wesen der *„Zeitlichkeit"* unseres Daseins und ihre spezifische Relevanz für die theoretisch-wissenschaftliche, ethisch-soziale, ästhetische, religiöse und philosophische Gesamterfahrung heraus. Damit ist wiederum ein *Fundamentalproblem der gegenwärtigen Philosophie* — wenigstens propädeutisch — angezeigt.

Wenn aber nun die geschichtlich vergangenen philosophischen Positionen nicht schlechthin „antiquiert" sind, so heißt das, sie repräsentieren gültige „Möglichkeiten" des philosophischen Denkens, die auf seinem Geschichtsgange jeweils dann „an der Zeit" waren, wenn sie dem je-gegenwärtigen Problem-Niveau grundsätzlich gerecht wurden. Dennoch ist kein philosophischer Autor eine unanfechtbare „Autorität"; jeder „zeitgerechte" Entwurf löst auch neue Probleme aus. Aber es werden auch immer wieder echte Probleme fallengelassen, so daß sie wieder eingeholt werden müssen, wenn sie in Vergessenheit gerieten! Nur die immer wiederholte Sichtung des reichen geschichtlichen *Erbes* verbürgt, daß neue Entwürfe nicht hinter dem *Vermächtnis* zurückbleiben, von dem sie zehren. Darum ist die *kritische Erforschung der Philosophiegeschichte* selber eine *„Disziplin"* der Philosophie im Doppelsinn dieses Wortes.[74]

[74] Vgl. zur philosophiehistorischen Problematik: Die Philosophie und die Frage nach dem Fortschritt, hrsg. von Helmut *Kuhn* und Franz *Wiedmann*, München 1964; ferner Manfred *Brelage*, Die Geschichtlichkeit der Philosophie und die Philosophiegeschichte, in: Zeitschrift für philosophische Forschung, XVI, Heft 3, 1962; Hermann *Lübbe*: Philosophiegeschichte als Philosophie, in: Einsichten, Gerhard Krüger zum 60. Geburtstag, Frankfurt 1962, S. 204 bis 239; Walter E. *Ehrhardt*: Philosophiegeschichte und geschichtlicher Skeptizismus, Bern-München 1967 (daselbst weitere Literatur). — Zum Begriff der „Geschichtlichkeit" vgl. noch: H. *Noack*, Probleme der Geschicht-

Wie sich aber das hier umrissene *Selbstverständnis* der Philosophie in den *Hauptrichtungen* ihrer Denk- und Forschungsarbeit heute mehr oder weniger übereinstimmend zu erkennen gibt und vor welcher *besonderen Problematik* sie in ihren *Disziplinen* steht — das darzustellen ist nicht mehr Aufgabe einer ›Allgemeinen Einführung‹; sie muß dafür auf die *spezielle Einführung* in die Logik, die Naturphilosophie, die Sozialphilosophie, Ethik, Geschichtsphilosophie usw. verweisen.

C. Zum Studium der Philosophie: Ratschläge und Literatur

Die Philosophie läßt sich nicht in gleicher Weise *studieren* wie eine Fachwissenschaft, und zwar — wie wir jetzt wohl unmißverständlich sagen dürfen — wegen ihrer Problematik als einer sich an *alle* Wissenschaften wendenden „interdisziplinären", fundamentalkritischen Reflexion. Wie aber die je-eigene, engagierte *Erfahrung* stets mit der wissenschaftlichen Erforschung des natürlichen Verhaltens und sozialen Handelns, der Erziehung und Bildung, der Sprachen und Sitten, der Künste und des geschichtlichen Lebens — als Quellboden aller Probleme — verbunden bleiben muß, so auch mit dem philosophischen *Fragen.* Es ist deshalb eine unverzichtbare Voraussetzung für ein solides Studium der Philosophie, sich mit mindestens vier methodisch unterschiedlichen Fachwissenschaften gut vertraut gemacht und auf einigen Feldern der Praxis selber betätigt zu haben. Nicht zuletzt gehört zu ihm ein ausgebreitetes historisches Wissen.

Seitdem die Philosophie das historische Bewußtsein in ihr Selbstverständnis aufgenommen hat, ist die kritische Auseinandersetzung mit den Denkern der Vergangenheit mehr denn je zuvor zur Voraussetzung des dialogischen Philosophierens geworden. Das Interesse an der *Philosophiegeschichte* darf sich nicht nur auf die Kenntnisnahme der Lehrmeinungen („Doxographie"), der „Abhängigkeiten" und „Einflüsse" beschränken; historische Texte gehören als *Partner* zum je-gegenwärtigen Gespräch.

lichkeit, in: Studium Generale, 15. Jg., 1962, Heft 6; L. v. *Renthe-Fink*, Geschichtlichkeit; ihr terminologischer Ursprung bei Hegel, Haym, Dilthey und York, 1964 und K. *Löwith*, Wahrheit und Geschichtlichkeit, in: Universitas, 25. Jg., 1970, Heft 10.

Neben der elementaren Schulung im „Collegium logicum" ist eine streng sachgebundene Diskussion die beste Einübung; nicht jede Unterhaltung, jeder Meinungsaustausch, jede Lektüre ist ein *Dialog*, der, wie *Sokrates* ihn verstand, „Hebammendienst" an der Erkenntnis leisten will (*Platon*, Theätet, St. 148 E ff.). Auch bei der Verteidigung vermeintlich ausreichend geprüfter eigener Argumente sollte man stets darauf achten, ob der widersprechende Partner „nicht doch Recht haben" könnte. *Leibniz* schrieb an *Foucher*: „Man erklärt oft, man liebe nur die Wahrheit und wünsche nichts als belehrt zu werden; aber oft widerstrebt, ohne daß man es bemerkt, ein wenig falscher Stolz viel guter Absicht."

Weil es besonders lehrreich ist, sich mit geschichtlich bedeutenden Denkern auseinanderzusetzen, so empfiehlt es sich, die Lektüre ihrer Schriften der Aussprache zugrunde zu legen. In den Seminaren der Hochschulen wird schon während der frühen Semester dieses Verfahren bevorzugt. Besonders geeignet sind einige *Texte*, die meist als *„klassisch"* für diesen Zweck angesehen werden, ohne doch für „Anfänger" geschrieben zu sein. Unser „historischer Rückblick" ging übrigens auf die *vorsokratischen* Denker etwas näher ein, weil es für eine ›Einführung in die Philosophie‹ auch aufschlußreich ist, zu erfahren, wie sie *sich selber* eingeführt hat! Weil wir aber nur Fragmente aus den Schriften der frühen Denker haben, ist es ratsam, das *philosophiegeschichtliche Studium* mit der Lektüre der Dialoge *Platons* zu beginnen (Apologie, Kriton, Phaidon, Menon, Phaidros, Gastmahl, Staat, Theätet). Von *Aristoteles* kommen die ›Nikomachische Ethik‹, die ›Politik‹ und die ›Metaphysik‹ am ehesten in Betracht.

Auch das Schrifttum der nacharistotelischen Zeit ist uns mit einigen Ausnahmen nur in Bruchstücken oder indirekten Mitteilungen erhalten, und die scholastische Philosophie verlangt eigentlich ein Sonderstudium. Das ist bei der Auswahl unter den historischen Grundtexten zu berücksichtigen. Folgende Werke dürften dann zu ihnen gehören:

Seneca: ›Briefe an Lucilius‹; *Marc Aurel:* ›Selbstbetrachtungen‹; *Plotin:* Buch V der ›Enneaden‹; *Augustin:* ›Bekenntnisse‹, ›Gottesstaat‹; *Anselm von Canterbury:* ›Monologion‹; *Thomas von Aquin:* ›Über das Seiende und das Wesen‹; *Nicolaus von Kues:* ›Über die gelehrte Unwissenheit‹, ›Der Laie über die Weisheit‹; René *Descartes:* ›Discours de la méthode‹, ›Meditationen‹; Thomas *Hobbes:* ›Über den Menschen‹; B. *Spinoza:* ›Ethik‹; John *Locke:* ›Versuch über den menschlichen Verstand‹; G. W. *Leibniz:* ›Neues System der Natur . . .‹, ›Monadologie‹; D. *Hume:*

›Untersuchung über den menschlichen Verstand‹, ›Untersuchung über die Prinzipien der Moral‹; Imm. *Kant:* ›Prolegomena . . .‹, ›Grundlegung zur Metaphysik der Sitten‹, ›Idee zu einer Geschichte in weltbürgerlicher Absicht‹ (dann die drei ›Kritiken‹ und die Religionsschrift); J. G. *Herder:* ›Über den Ursprung der Sprache‹, ›Ideen zur Philosophie der Geschichte der Menschheit‹; J. G. *Fichte:* ›Die Bestimmung des Menschen‹, ›Grundzüge des gegenwärtigen Zeitalters‹; Friedrich *Schiller:* ›Briefe über die ästhetische Erziehung des Menschen‹; F. W. J. *Schelling:* ›Vorlesungen über die Methode des akademischen Studiums‹; F. E. D. *Schleiermacher:* ›Monologen‹; G. W. Fr. *Hegel:* ›Grundlinien der Philosophie des Rechts‹; Arthur *Schopenhauer:* ›Die Welt als Wille und Vorstellung‹; von L. *Feuerbach,* Auguste *Comte* und K. *Marx* die im Text zitierten Schriften. — S. *Kierkegaard:* ›Entweder— Oder‹; H. *Spencer:* „Programm" des ›System of synthetic philosophy‹; Fr. *Nietzsche:* ›Zur Genealogie der Moral‹; E. *Bergson:* ›L'Evolution créatrice‹; Edmund *Husserl:* ›Logische Untersuchungen‹.

Das *nachfolgende Literaturverzeichnis* nennt einige neuere deutsche, im Text und in den Anmerkungen noch nicht genannte Schriften sowie neben historischen Gesamtdarstellungen auch solche über die Entwicklung der *Philosophie im 20. Jahrhundert.* Dann folgen die wichtigsten Nachschlagewerke, Bibliographien und Zeitschriften. Unter Ziffer 1 sind auch einige ›Einführungen‹ verzeichnet, deren Lektüre zur kritischen Ergänzung der Gesichtspunkte des hier vorgelegten Buches empfohlen sei. Dann aber müßte, wie gesagt, im allgemeinen das Studium der Originalwerke den Vorrang vor dem der „Sekundärliteratur" haben; dennoch sind referierende *Darstellungen, Interpretationen* und *Kommentare* notwendig, um auf versteckte Probleme aufmerksam zu machen und in den kritischen Dialog über sie einzuführen. Denn — wie *Kant* in der ›Kritik der reinen Vernunft‹ (Ak. Ausg. S. 866 f.) schreibt —, „man kann nur philosophieren lernen, d. i. das Talent der Vernunft in der Befolgung ihrer allgemeinen Prinzipien an gewissen vorhandenen Versuchen üben, immer aber mit dem Vorbehalt des Rechts der Vernunft, jene selbst in ihren Quellen zu untersuchen und sie zu bestätigen oder zu verwerfen".

1. Lehrbücher und Einführungen: Ernst Bloch, Tübinger Einleitung in die Philosophie, 1963; *J. M. Bocheński,* Wege zum philosophischen Denken, 1959; *Alwin Diemer,* Grundriß der Philosophie, 1962—64; *N. Hartmann,* Einführung in die Philosophie, (Vorlesungsnachschrift) 1949, 6. A. 1966; *Die Philosophie im 20. Jahrhundert,* hrsg. v. F. Heinemann, 1959; *K. Jaspers,* Einführung in die Philosophie, 1950, 10. A. 1966; *G. Krüger,* Grundfragen der Philosophie, 1958; *L. Landgrebe,* Was bedeutet uns heute Philosophie? Eine Einführung, 1948; *L. Leisegang,* Einführung in die Philosophie, (Göschen) 1966; *G. Misch,* Der Weg in die Philosophie, 1951; *H. Nohl,* Einführung in die Philosophie, 6. A. 1960; *Josef Pieper,* Verteidigungsrede für die Philosophie, 1966; *J. Ritter,* Das Wesen der Philosophie, in: Aufgaben der Forschung, I, 1956; *M. Landmann,* Philosophie, ihr Auftrag und ihre Gebiete, 1972.

2. Geschichte der Philosophie: E. v. Aster, Die Philosophie der Gegenwart, Leiden 1935; *E. v. Aster,* Geschichte der Philosophie, Stuttgart, 14. A. 1963; *J. M. Bocheński,* Europäische Philosophie der Gegenwart, Bern, 2. A. 1951; *E. Bréhier,* Histoire de la Philosophie, in 4 Bden, Paris 1928—1934; *H. Glockner,* Die europäische Philosophie von den Anfängen bis zur Gegenwart, Stuttgart 1958; *H. Heimsoeth,* Die sechs großen Themen der abendländischen Metaphysik und der Ausgang des Mittelalters, 5. A. 1965 (Wiss. Buchges. Darmstadt); *L. Landgrebe,* Philosophie der Gegenwart, Bonn, 2. A. 1959; *H. Noack,* Die Philosophie Westeuropas im 20. Jahrhundert, 4. A. 1976 (Wiss. Buchges. Darmstadt); *W. Stegmüller,* Hauptströmungen der Gegenwartsphilosophie, Wien, 3. A. 1968; *F. Überweg,* Grundriß der Geschichte der Philosophie, (seit 1880 mehrere Neu-Auflagen); *K. Vorländer,* Geschichte der Philosophie, neu bearbeitete Aufl., Hamburg/Reinbek 1963 ff. (mit Quellentexten); *W. Windelband/H. Heimsoeth,* Lehrbuch der Geschichte der Philosophie, 15. A. 1957; *W. Schulz,* Philosophie in der veränderten Welt, 2. A. 1974.

3. Nachschlagewerke: Philosophisches Wörterbuch v. M. Apel und B. Ludz, Berlin, 5. A. 1958; *Handbuch* philosophischer Grundbegriffe, 6 Bde., 1974; Historisches Wörterbuch der Philosophie, hrsg. von *Joachim Ritter,* Basel/Darmstadt, bis 1974 3 Bde. (A—H); *Wörterbuch der philosophischen Begriffe,* Hrsg. *J. Hoffmeister,* Hamburg 1955; *Vocabulaire technique et critique de la philosophie,* par *André Lalande,* Paris, 1950; *Handlexikon der Philosophie,* v. *E. Metzke,* Heidelberg 1949; *Philosophisches Wörterbuch,* begr. v. *H. Schmidt,* 19. A. v. *G. Schischkoff,* Stuttgart 1974; *W. Totok,* Handbuch der Geschichte der Philosophie, Frankfurt 4 Bde.; *Werner Ziegenfuß,* Philosophenlexikon, Berlin 1949/59; *Das Fischer-Lexikon:* Philosophie, Frankfurt, 1958.

4. Bibliographien: Bibliographische Einführung in das Studium der Philosophie, hrsg. von *Bocheńsky,* seit 1948; *W. Totok,* Bibliographischer Wegweiser der philosophischen Literatur 1959 ff.; *Philosophischer Literatur-*

anzeiger, Referatorgan für die Neuerscheinungen der Philosophie. Hrsg. *G. Schischkoff,* München (seit 1949); *Bibliographie de la Philosophie,* hrsg. v. Institut International de Philosophie (seit 1938); « *Repertoire bibliographique* » der Zeitschrift „Revue Philosophique de Louvain" (seit 1934).

5. *Zeitschriften: Archiv für Philosophie* (seit 1947); *Deutsche Zeitschrift für Philosophie* (seit 1953); *Kant-Studien* (seit 1897); *Mind* (seit 1892); *Philosophisches Jahrbuch der Görres-Gesellschaft* (seit 1888); *Philosophische Rundschau* (seit 1953); *Philosophy* (seit 1926); *Praxis* (seit 1965); *Revue de Métaphysique et de Morale* (seit 1893); *Scholastik* (seit 1926); *Symposion* (seit 1949); *Zeitschrift für philosophische Forschung* (seit 1946); *Neue Hefte für Philosophie* (seit 1971); *Allgemeine Zeitschrift für Philosophie* (seit 1976).

NAMENREGISTER

Ein A hinter der Seitenzahl verweist auf eine Anmerkung. — Verfassernamen des Literaturverzeichnisses (S. 132 ff.) sind hier nicht aufgeführt.

SACHREGISTER

Im Text ständig wiederkehrende und fortlaufend behandelte Begriffe — wie Geist, Logik, Methode, Theorie, Vernunft — sind hier nicht aufgeführt, dagegen einige ergänzende Worterklärungen hinzugefügt.